保護者の声に寄り添い、学ぶ

吃《きつ》音《おん》のある子どもと家族の支援

暮らしから社会へつなげるために

編著 堅田利明・菊池良和

学苑社

はじめに

職務に対する意欲と、若さで満ち溢《あふ》れていた私の言語臨床のスタート当時、柱の一つに掲げていたのが「保護者へのわかりやすい解説」を極めることでした。日々の練習と改善に向けての取り組みによって、「とてもわかりやすい」、「はじめて納得できた」、「録音して家族にもきいてもらいたい」といったありがたいおことばを次第にいただけるようになり、数年後には多くの保護者にご満足いただけている実感が得られるようになりました。その一方で、「私のことを話しても良いですか」、「先生にぜひきいてもらいたいことがあるんです」、「結局のところ○○についてはどのように対応すれば良いのでしょうか」といったおことばを保護者からいただくことがあり、それに対して私は、（この場では、お子さんのことを中心に考えませんか……）、（先程説明させていただいたなかに、その質問の答えはお伝えしていると思うのですが……）、（私の話をきちんときいてくださっていないのでは……）といったとらえ方をしていました。有益な情報を提供し、知識の整理に役立つ解説をわかりやすくお伝えできてさえいれば保護者の皆様は納得してくださるはずだと考えていたのです。その考え方の傲慢さを知り、保護者支援の根本的な誤りに気付いたのはずっと後からでした。（いまのことばをどのように受け止めておられるのだろうか……）、（どのようにご理解されただろうか……）、（お気持ちはどんなだろう……）と、子どもや保護者になったつもりで想像力を働かせながら傾聴し、確認していくことから言語臨床は始まるのだと、大勢の子どもたちや保護者の皆様から教えていただきました。とても感謝をしています。こうして、私の「保護者支援」は失敗した土壌の土をもう一度入れかえることから始めました。

本書は、吃音のあるお子さんの保護者の皆様への支援を柱としていますが、吃音に限らず子育てにおいて共通する心配事や悩み、人と違う部分について本人や周りに説明していく姿勢とその方法についても、広くご活用いただけるのではないかと考えています。また、実際に相談をしているような雰囲気になるように意識をしながら専門用語をはじめとする解説はできる限り省き、最低限、必要な吃音の知識をお伝えすることに留めています。押さえておいていただきたい部分を厳選し、さらに、吃音の進展（悪化）など重要であると思えるところはくり返し記述しています。Q＆Aは、保護者、ご家族、吃音のある子ども、きょうだい、周りの人々、それぞれの視点に立ってご一緒に考えたいと思えるテーマを集めました。本書の活用方法はさまざまに考えられます。まずは全体に目を通していただき、その時々で必要なテーマを再度熟読してみられてはいかがでしょうか。Q&Aの「A」は、お答えというよりも次の一歩のためのヒントとしてお読みいただければと思います。

保護者やご家族、吃音のあるお子さんを意識して記していますが、吃音のある人の支援にたずさわっておられる専門職の方々、周りにおられるすべての人々にもぜひ手に取っていただきたい一冊です。

吃音のあるお子さんを前に、保護者として、家族として、周りでかかわる者として、吃音というものをどのようにとらえ、お子さんとどんなふうに向き合っていこうとされるのか、それらを考えていくことに意味があると思います。

本書に記されている内容は現時点における最新の考え方です。これから先、変わっていくものもあるでしょう。変わらないものもあるはずです。読者の皆様と目の前に広がる道をご一緒させていただければ幸いです。

堅田利明

わが子が流暢《りゅうちょう》に話せないことに気付いたとき、まず初めにインターネットで「どもる」または「吃音」で検索すると思います。そこには、「他のきょうだいに構いすぎて愛情不足で始まったのだろう」などの記載があり、それを見ると「私に当てはまる」と思い、まじめな親御さんほど自分を責めてしまいます。残念ながら、保育園・幼稚園またはは吃音の相談者ですら、「吃音は親の愛情不足のサインだと思います。もっと、たくさん愛情を与えてください」とアドバイスをして、親御さんを追い詰める人もいます。

吃音の研究の歴史は古く、100年以上前から研究され、さまざまな原因論が提唱されてきました。確かに、吃音の原因論に親のかかわりが提唱（診断起因説）されましたが、その説はいまや否定され、吃音になりやすい体質（遺伝子）をもっている子が吃音を発症することがわかってきました。親御さん、特に母親はわが子に吃音が始まったことに多かれ少なかれ自責の念があります。誰かが「母親が悪い」と言うかもしれませんが、「ママは悪くないんだよ」と私は声を大にして言いたいのです。

親御さんに自責の念や罪悪感があると、わが子の吃音に冷静に対応することが難しくなります。残念ながら、吃音に対する確立した治療法はありません。そのため、「早く相談に行けばよかった。手遅れになって、子どもに申し訳ない」と思う必要はありません。

私と堅田先生は、何百人もの吃音のある子どもさんと親御さんの相談に乗り、支援を続けている専門家です。本書を最後まで読んでいただき、わが子との接し方を振り返っていただき、親御さんとしての自信を取り戻すきっかけとして役立てられることを期待しています。

菊池良和

【目次】

目次

Q01 吃音のはじまり

息子の吃音は、もうかれこれ3年になります。どうしてあげると良いのか、親として何をすべきなのか、さっぱりわかりません。

6歳になる息子です。3歳を過ぎた辺りからどもり始めました。最初は「かわいい話し方」と思い、特に気にしていませんでした。そのうち治るだろうと簡単に考えていました。

息子は、ひどくどもるときとそうでもないときをくり返します。幼稚園の先生に教えてもらった「できるだけ叱らないようにする」ということは心がけています。ですが、イライラしてしまって息子にきつく当たることがあり反省しています。もう一つ先生から教えてもらった「ゆったりとした生活」も心がけるようにしています。また、私自身、早口になってしまうところがあるので気を付けています。ですが、息子の吃音はいっこうに治る気配がなく、最近では、ことばがすっと出てこないことがあり、途中で言うのをやめてしまいます。「最後まで言いなさい」と言うと息子は涙目になって黙ってしまいます。息子にどう言ってあげると良いのかわかりません。幼稚園の先生からは、「お母さんが気にし過ぎでは」、「もっと良いところを見てあげて」と言われます。やはり、私が気にしすぎてしまうところがいけないのでしょうか。来年は小学生になります。とても心配です。

A

お子さんは来年、就学をひかえておられるということもあって大変ご心配なことと思います。これまでお子さんのことを思い、丁寧に子育てをしてこられたことが伝わってきます。

吃音が突然始まってしまったことや、吃音がいまも持続している原因を、保護者の大半の方々は自身の養育態度や言動、家庭環境に問題があるのではないかと悩まれます。「親は子育てを通して親になっていく」ということばがあります。最初から完全な親などいないということはわかっているものの、ついつい感情的に叱ってしまった、イライラ感を子どもにぶつけてしまった、ということで大変反省をします。また、家庭の事情もさまざまです。こうした出来事や家庭の状況と吃音とを結びつけて考えてしまいがちなのです。そして、吃音のことをよくご存じない方から、養育態度や家庭の状況と吃音とが結びついているかのように言われてしまうことも加わり、そうした思いに一層拍車がかかります。

吃音についての重要な問題の一つが、「吃音のことをよく知らない人が勝手な憶測やきき伝えをもとにアドバイスをしてしまう」ということです。そのことによって吃音のある子どもや家族がふり回されてしまいます。大切なことは、誤った古い情報にふり回されず、吃音の正しい、最新の情報を知ろうとすることです。そして、お子さんにしっかりと向き合うための具体的な方法を知っておくことです。

本書は、吃音の基本的なとらえ方、お子さんとのかかわり方、保護者ができること、園や学校の先生にお願いすること、授業・試験・就職・就業に関するさまざまな配慮について、さらに、きょうだいへの配慮についてもテーマに取り上げています。必要だと思われる箇所は何度もお読みください。時間をおいて読み返していただくことで新たな発見や気付きがあるはずです。身近に相談できる専門家がいらっしゃらないという方、これまでお独りで悩んでこられたという方、もうお独りではありません。私たちと一緒に大切な次の一歩を進めていきましょう。

ある日、息子に吃音が始まって……

平林実香（母親）

「マ・ママ、こ・こ・こ・こ・これね……」

息子が4歳の終わり頃、突然、初めのことばをくり返すようになりました。最初は、「あわてているからだろう」「焦っているからだろう」と思い、私は「ゆっくり話してごらん」、「落ち着いてお話ししてね」と声をかけていました。

そうこうしているうちに保育園の担任から「吃音かもしれない」と言われ、インターネットで吃音について調べました。そこには、愛情不足や厳しいしつけが原因、ゆったりとかかわるようにといったことが書かれていました。ちょうど弟に手がかかる時期であったこともあり「吃音にしてしまったのは私のせいだ」と落胆したのを昨日のことのように覚えています。そして、「何とかして吃音を治さなければいけない」と強く思いました。それは、私のせいで吃音にしてしまった罪悪感と、吃音に対しての偏見があったからです。

まず、連発する吃音を治そうとして「言い直し」をさせました。一方で、吃音のことにはできるだけ触れないようにし、なるべく怒らず息子にストレスをかけないようにしながらかかわる時間を多くもつようにしました。ですが、徐々に「……っこれ！」と顔を真っ赤にして最初のことばを苦しそうに発声するようになったのです。吃音が目立たなくなり、「治ったのかな？」と思っているとまた始まり、吃音の症状の波に一喜一憂し、精神的に疲れてしまっていました。私がかかわり方を変えても、一向に治らない吃音に対して嫌悪感がつのり、毎日不安な顔をしていたと思います。それは息子に伝わっており、後から「ママ、僕が話すとき、怖い顔していたよ」と言われるまで気が付きませんでした。夫には吃音について相談をしていて一緒に吃音の経過を見ていました。

夫は、最初の頃は一時的なものだろうと、そこまで心配をしている様子はありませんでした。(私の考え過ぎなのだろうか……)と思うこともありましたが、毎日のように「今日は(吃音)どうだった?」ときく私に対して、夫は「気にしすぎだよ、大丈夫」とは言わず、息子の様子を教えてくれて、話をきちんときいてくれました。そのおかげで誰にも相談できずに一人で悩みを抱え込んでしまわずにすみました。また、夫は、私が息子にかかわれるように、下の子の面倒を見てくれるなど配慮をしてくれました。

発吃(吃音症状が始まることを「発吃」と言います)してから数カ月経ち、吃音の相談をしに小学校のことばの教室へ行きました。吃音について正しく知っている人に相談することができ、安心しました。その後、隣の市の病院に吃音専門外来(ことばの外来)があると知り、受診することを決めました。初めての受診のときに言語聴覚士の先生は、息子に「あ・あ・あってなることとある?」といきなり質問され驚きました。いままで息子と吃音について話したことが無かったからです。本人は「うん、なるよ」とすんなり返事をしていました。「この子はしっかり気付いていたんだ」と改めて納得しました。吃音の原因はまだわかっていないこと、少なくとも親の療育態度やストレス、生活環境が吃音を発症させるというのは根拠のない誤った考え方であるということ、吃音症状の種類や進展などを、息子と一緒に学びました。吃音の専門家に相談できたことで、それまでの漠然とした不安は消え、私自身がやるべきことが見え

てきました。そして「吃音にしたのは私のせいではなかった」という安堵感で一杯になりました。吃音について正しく知ることができた結果、いままで良かれと思っていた声かけや対応によって息子の吃音が悪化していたのだという ことに気付かされました。同時に、吃音を「治そう」ではなく、「しっかりと向き合っていこう」と思うようになりました。

受診をきっかけに、まず息子と吃音についてオープンに話すことを心がけました。「ママは○○（息子の名前）の話し方のことを知っているよ」、「そのままのお話しの仕方でいいんだよ」と。そして、私の一番の変化は息子の「話し方」ではなく「話す内容」に耳を傾けるようにしたことです。息子がどもりながら話せるような環境を作ることを心がけました。そして、吃音の波にふり回されないこと、「どもっていてもいいんだよ」を合言葉にしました。そうして息子は、どもりながらも沢山お話ししてくれるようになったのです。「……っこれ！」という難発も「こ・こ・これね」と連発が出せるように戻ったのです。環境を作っていくことの重要性を改めて感じたのは、息子が小学2年の吃音授業で作文を書いたときでした。

「あ・あ・あ、となるのは僕のしゃべり方です。最後まで話をきいてください」と自ら伝えたのです。早い時期から適切に対応してあげることで、吃音に対してマイナスイメージをもつこともなく悪化も防ぐことができるのだと思いました。

ことばの外来では、吃音がある子どもの保護者が集まり「親の集い」があると知りました。初めて参加したとき、十数名のお母さん方がいらっしゃいました。小グループになりお互い吃音のことで悩み、苦しんでいることを話し合い、涙があふれる場面もありました。「自分だけじゃなかった」という安心感、そして「これからどうしていけば良いのか」など、先の見通しが立てられるようになりました。

いまでは、その小さかった輪が一年に一回開催される「吃音の子どもをもつ親の座談会」へ広がりました。保護者だけでなく、吃音の子どもにかかわる幼保小の先生方、保健師、ことばの教室の先生、言語聴覚士など多職種の方が参加し、「一緒に吃音の理解を深め、情報を共有できるように、そしてこれからの生活の不安を軽減し、希望をもって暮らしていけるように」という思いで互いに学べる場となっています。

一人で悩まなくていい、仲間がいる。そして正しい知識を学び、相談できる場所がある。私にとって心の支えとなるとても大切な場となりました。

さらに、親の会である「きつつきの会」も発足しました。私も参加させてもらい、数人の保護者と言語聴覚士の先生方と協働し、周りへの吃音理解・啓発活動が始まりました。

座談会での学びをもとに、息子の保育園、小学校で、それぞれの担任の先生に吃音の授業をおこなってもらうことにしました。

当初、私は周りに吃音を知ってもらうことに抵抗を感じていました。それは私が吃音に対して偏見をもっていたからであると、座談会を通じて気が付きました。いまの私は、なぜ周りの人に伝える必要があるのか、その意味を説明することができます。息子の養育経験を通して、周囲の人達が正しい知識をもってかかわらなければ吃音は悪化してしまう可能性が高いこと、逆に適切な対応をすることで重くなりかけている吃音の症状を軽減させ、楽にどもりながら話せる状態へと引き戻してあげることについて学ばせてもらったからです。そして、周りの人が吃音に気が付いていないから説明をする必要がないのではなく、からかいや指摘が起きる前に話すこと、そしてどもる子どもは他にもいて、将来も出会う可能性があるので吃音の知識を知っていてもらう必要があると思います。

息子は吃音の症状がみられなくなって、3年になります。ですが、私がいまも吃音の理解・啓発の活動を続けている理由はそこにあります。

02

発吃の原因

私の子育てのどこが問題なのでしょうか。

もうすぐ6歳になる長女に吃音があります。4歳3カ月のときに「連発」が突然始まりました。当時は幼稚園の他に小学校受験のためのプレスクール、英会話教室、エレクトーン教室と忙しい毎日を過ごしていました。本人はどの教室も仲良しの友だちがいて楽しそうにしていました。幼稚園のキンダーカウンセラーの先生に相談をしましたところ、「お嬢さんは『嫌だ』ということが言えずにがんばり過ぎているために、それが吃音として表れているんです」と言われました。娘のそうした気持ちをわかってあげられなかったことに落胆しました。英会話もエレクトーンもやめさせ、プレスクールのみ通わせています。娘が要望するものは何でもかなえるようにしてきました。カウンセラーの先生はプレスクールに通わせていることも良くは思っていません。ですが、これだけは続けさせたいのです。心のなかで「ごめんね」と娘に言いながら私の思いを押し付けてしまっています。やはりプレスクールもやめさせたほうが良いのでしょうか。

A

突然の発吃にとても困惑されたことでしょう。いくつかの習い事が精神的な負担となっていながらそれを「嫌だ」と言えず、それが吃音症状として現れていると、カウンセラーの先生はお考えなのですね。そうだと仮定してみたところで、その証拠を見出すことができません。お嬢さんと同じように習い事をしているお子さんはきっと周りにも大勢いらっしゃるでしょう。その子どもたちの多くが発吃しているでしょうか。さらに、お嬢さんは感受性が高くてストレスをためやすい性質のために、それが発吃に結びついた、という証拠もないのです。

お母様は、「吃音」、「連発」といったことばを使っておられるので多少なりとも吃音のことをご存じのようですね。

吃音は、2歳から4・5歳ごろに生じることが多いのです。ちょうどお話が上手にできるようになって人との対話が多くなる時期です。そして、この時期はさまざまな環境の変化が訪れます。きょうだいの誕生、転居、保護者の転職・復職、就園、転園、習い事を始めるなどです。また、共働きまたはひとり親家庭の場合は、保護者以外の親族に預かり保育をお願いすることがあります。年齢に合わせたしつけや集団内での葛藤、ストレスもあります。ですが、これらは吃音のあるお子さんに限ったことではありません。吃音のあるお子さんは人一倍感受性が強く、またストレスをためやすい性格であると言えるでしょうか。そうだと言える明らかな証拠はないのです。確かに感受性が高そうなお子さんもいます。では、どうして吃音という言語症状だけに表れるのでしょうか。そうしたことは証明されてはいないのです。

また、耳にされたことがあるかもしれませんが、話したいことがいっぱいあるのに口がついてきていないから、といった、発話の未熟さを吃音の原因として指摘されることがあります。この年代のお子さんは、おしゃべりが遅かったり発音が未熟であったりといった個々の違いが大きい時期です。ですが、こうしたお子さんの発育状態と吃音とはイコールで結びつきません。

吃音は現在、「発達障害者支援法」のなかの、「できるだけ早期に支援」をおこなうこと、「切れ目のない支援」を続けていく必要から、「発達障害」という位置付けになっています。しかし、「発達障害者支援法」の対象となっている他の障がいと違い、吃音のあるお子さんのおおよそ8割は自然に吃音症状が消えてしまうという不思議さがあります。何かをしたから症状が消えたということではなく、いつのまにか消えてしまうという現象なのです。吃音の原因はその8割程度が遺伝的なものであると言われています。吃音そのものが遺伝するということではなくて、ちょうど親子で顔が似るように吃音症状が出やすい体質といったものが受け継がれるという考え方です。ただ、ご家族に吃音のある方が一人もいらっしゃらないけれどもお子さんに吃音がある、という場合もめずらしいことではありません。

8割が遺伝的なものであるとすれば残りの2割は何かということになります。これが環境であると考えられています。「やっぱり環境なんだ」と思われるかもしれませんが、これを「刺激」ととらえていただくと良いのではないでしょうか。その方の体質が先にあって、何らかの刺激がそこに加わることで発吃するという考え方です。ここで注意していただきたいのは、この刺激は必ずしも「悪い刺激」というわけではないということです。とても温かで丁寧な子育てをしてこられたご家庭のお子さんであっても発吃しますし、その真逆であったとしても発吃しないお子さんは大勢います。つまり、大切なことは、「親の子育てや家庭環境によって発吃するのではない」ということをしっかりと覚えておいてほしいのです。そして、これらのことを周りの方々にぜひ伝えていただきたいのです。吃音は子育ての問題、お子さんへのかかわり方の問題、という誤った考えによって背負わされてきた重荷をいっこくも早く降ろしていただきたいと思います。発吃が親の子育てや家庭環境ではないのだと頭ではわかっていながらも、気持ちがどうもついていてこれずに整理がうまくできない、という方もいらっしゃいます。まずは、お子さんの吃音をどのように受けとめられているか、これからどう受けとめていかれるかが重要だと思います。

ところで、子育てに対する罪悪感情と言われるものは母親・父親とで違いがあります。自身の子育てやお子さんへの接し方に問題があると考えてしまう傾向は、父親よりも母親のほうが強いのです。一方、父親は、思い悩む妻を支えられなかったということで罪悪感情を抱きやすいのです。このように父親・母親とでは、子育てに対するとらえ方や感じ方に違いがあります。いずれにせよ、子育てやお子さんへのかかわり方、家庭環境といったものと発吃とを結びつけて考えられることは、根拠のないこととしてご理解いただければと思います。発吃後の生活において、保護者のかかわり方は吃音に影響を与えるものですが、習い事と吃音とをひとまず切り離されてお考えいただくのはいかがでしょうか。お嬢さんが、習い事で負担になっていないのであれば続けてみられてはどうでしょう。そして、吃音についてお嬢さんとお話し合いをしてみられることをお勧めします。どのようなお話し合いをされると良いのか、この後のQ＆Aをぜひご参考にしてください。

自分で自分を追いつめて……

堀内美加（母親）

現在小学3年生の長女に吃音があります。長女は3歳9カ月のときに、ある日突然、「あ・あ・あ」と連発で話すようになりました。「話し方がおかしいな」と思いながらも認めたくない気持ちがありました。私の母親から「何だか急に話し方が変わったわよね」と言われ、私の思い過ごしではなかったんだと愕然としました。当時の私は「吃音」ということばを知らず、長女の脳に何か異常が起こったのだと思い、市の育児相談に相談の予約をしました。インターネットで検索すると、「親の育て方が原因である」という内容にばかり目がいきました。下に次女が生まれて半年ぐらいで、なにかと長女に我慢させたり、叱ったりすることが多かったため、「この子が吃音になったのは私のせいだ」と思うようになりました。そして、自分を責め続け、食事も喉に通らなくなりました。長女がどもるたびにキッチンの隅で気付かれないようにして泣いていました。連発がたくさん続くと、「言えない……」と言って話すことをやめてしまうこともあり、何と声をかけていいのかわからないまま、ただただ抱きしめることしかできませんでした。そして、娘の吃音を周りの人に知られたくないという思いから、近所のお友だちともできるだけ遊ばせないように家に引きこもるようになりました。当時の私は、吃音を恥ずかしいことだと思っており、人に知られるのが怖かったのです。吃音は小さいうちに無くなることが多いことから、（誰にも知られないままそっと治ってほしい）と強く願っていました。その一方で、長女の吃音は治らないのかもしれないという恐怖感もありました。いままでの育て方をふり返り、「あのときのあのことばがけがいけなかったのではないか」、「あんなふうに言わなきゃ良かった」、「あのようにしなきゃ良かった」と後悔ばかりがつのる日々でした。夫には、「あなたがあのとき、あんなふうに言ったからだ」と八つ当たりもしました。

ある日、私が次女のことを優先してしまったとき、長女が「○○（次女の名前）なんて生まれてこなければよかったのに！」と言ったことがありました。いままでの私だったら、「なんでそんなひどいことを言うの！　たった一人の妹なのに」と叱っていたと思います。しかし、「次女を産まなきゃ良かったのかも。産まなければ、長女は吃音にならなかったかもしれない」と本気で思ってしまい、返すことばがありませんでした。それぐらい自分を追いつめてしまっていました。長女が朝起きて、第一声でどもっていなかった日は、（このまま吃音が出なくなればいいのに）と願い、吃音の波に文字通り一喜一憂する日々を過ごしていました。

そうしたなかで、ようやく育児相談の日がやってきました。しかし、吃音のことを相談に行ったはずなのですが、臨床心理士の方からは私の子育てについていろいろと指摘をされ、結局、吃音に関する助言は得られませんでした。罪悪感と不安がさらに増大していきました。

当時長女は保育園への入園を控えており、入園前に長女の吃音についてお話する時間を作っていただきました。すると園長先生からは、「吃音は一時的なものだから。うちの孫にも一時期吃音があったけれど、そのうちすぐに治ったから。だから、お母さん、様子をみましょう。お母さんがもっとお子さんのお話をじっくりきいてあげる時間をとってあげたら」と言われました。安心させようと思って言ってくださった助言でしたが、私の不安な気持ちはより大きくなり、そうしたなかでの入園となりました。

入園から1カ月半が経ち、もう一度育児相談を訪ねました。ですが、前回と同様、吃音以外の娘の言動についての指摘ばかりでした。勇気を出して、「私は吃音のことで相談に来ているのですが……」と伝えてみると、「吃音は治らないから」とあっさり言われてしまいました。その言われ方にとても傷つき、落ち込みました。

そんな折、吃音外来が開設されたという新聞記事を見つけ、「相談に行ってさらに傷つくようなことがあったら……」という不安はありましたが、勇気を出して行くことにしました。その頃の私は、吃音があることを本人に気付かせてはいけない、吃音には決して触れてはいけないと思っていました。ですから、長女の前では吃音の話をしてほしくないと思いながらの受診でした。ところが、初めて会った言語聴覚士の先生は「○○ちゃん、お話するとき、あ・あ・あってなることある？」と、長女にストレートにたずねたのです。それは大変な衝撃でしたが、そこで初めて「こんなふうに話してもいいんだ！」と、考え方を大きく変えるきっかけになったことをいまでも鮮明に覚えています。さらに先生ははっきりと、「○○ちゃんが吃音になったのはお母さんのせいではありませんよ」と言ってくれました。「この先生はいままで相談してきた人たちとはぜんぜん違う。長女の吃音にも私にも真剣に向き合ってくれている。何よりも私の話をきこうとしてくれる」と確信しました。

そうして6年が経ちました。あのとき、勇気を出して相談外来を訪ねていなかったらいまごろ私たち親子はどうなっていたのだろうと考えると恐ろしくなります。いまは、娘の吃音を受け入れ、周りの方たちに吃音について正しく知ってもらうための活動をしています。親の会も作りました。吃音を隠したくて、不安なまま引きこもっていたことが嘘のようです。周りの方に吃音の正しい理解があって、私も同様に正しい知識を得ることができていれば、あれほど自分を追いつめ苦しい日々を送らずにすんだことだろうと思います。同じような思いをされる方がなくなるように、これからも活動を続けていきたいと思っています。

妻を支えられなかった罪悪感

平林良城（父親）

息子に吃音があることに気付いたときは、保育園に通うようになり、お友だちと会話をするようになって「おしゃべりしたいことが溢れているのだろう」、「あわてているのだろう」と思っていました。

それに対し妻は、インターネットの情報で「愛情不足」、「厳しいしつけ」などが原因ではないかと心配をしていました。一番近くにいる身として私は「そんなことはないよ。大丈夫」と伝えていました。私自身、インターネットで調べてみても「気にせず様子を見てればそのうち治る」など、自分にとって都合の良い情報を拾っては「このままで大丈夫では」と感じていました。

症状が目立つようになると、息子の一番そばにいる妻の心配は日々強くなり、保育園の先生からの紹介で、小学校のことばの教室に参加をすることになりました。そこで吃音の専門外来があることをきき、受診を考えることになりました。しかし、当時、吃音を理解していなかった私は、病院の受診ということに対して、「息子の症状が病気?」、「障がいなのか?」という抵抗感があり、「もう少し様子をみてもいいのでは」と感じていました。自分のかかわり方に責任を感じている妻が、「何かに頼りたい」、「どうにか治したい」と思っていることと、私の考えとの間に一番ギャップのあった時期だと思います。妻と話し合い、息子の吃音について専門家にもちろん相談をしたいですし、受診によって妻の気持ちが楽になるのであればと、早めの病院の受診をすることにしました。

吃音の専門外来を受診したことにより、吃音の原因はまだわかっていないこと、親の態度や生活環境が吃音を発症させるというのは根拠のない誤った考えであること、吃音症状の種類などを学びました。吃音の専門家に相談できたこ

と で 、 妻の不安は解消されていきました。
私は仕事の都合上、毎月の外来受診は妻にお願いし、その内容・様子を妻から教えてもらいながら、私の吃音に対するかかわりが始まりました。
外来の初診時に、幼い息子がすでに自分自身の話し方に気付いていたということを知り、吃音に対して息子とオープンに話し、どもることは悪くないこと、息子がどもりながらも話せるような環境を作ることが大切だと教わりました。継続的に受診するようになり、妻は、紹介された吃音関連書籍などを通して吃音についての知識を身に着け、環境づくりを積極的におこなってくれました。保育園では担当保育士と、小学校に上がってからは担任教師と連絡をとり、息子の同級生たちにも吃音を理解してもらうように調整をしてくれました。そのおかげで息子は吃音に対してマイナスイメージをもたず、悪化も防げたのだと思います。また妻は、息子の吃音とのかかわりの経験を活かして研修会・親の集いに参加し、啓発活動も積極的におこなっていました。

その一方、私は妻に任せきりで、協力できていない罪悪感がありました。父親が仕事で、母親に子どものことを任せがちになる家庭がいまだに多いなか、わが家も例外ではありませんでした。罪悪感の要因としては、吃音外来の受診・啓発活動の参加・環境づくりを妻が主導でおこなっていたため、自分自身が何をすればよいのかわからなくなっていたからだと思います。

吃音のある息子のためにも、さまざまな活動に取り組んでくれている妻にも、何もしてあげられていない思いがあり、息子のためにがんばっている妻のサポートをすることしかできませんでした。吃音に関する正しい知識を学び、そのうえで、妻の話す受診の様子や吃音に関する情報をしっかりきくこと、身近な環境づくりのための協力をすること、妻の啓発活動の参加を支援することはやろうと心がけました。間接的には、理解・啓発活動に協力できたかもしれませんが、やはり妻との吃音に対する思い入れの強さに差が生じていたと思います。

吃音のある子どもの父親として、吃音の正しい知識を得ることは大切なことです。でもそれだけではなく、これからは、父親も積極的に親の集い、吃音の啓発活動に参加することによって、夫婦間での思いのずれがなくなり、共通の認識をもち、より協力できるようになると思います。また父親目線での経験、気持ちを伝えていくことができれば、他の父親とも共感し合え、悩みの解決につながると思います。

近くに一番の理解者がいると妻に思ってもらうことが、夫婦で吃音に向き合っていくうえでとても大切なことではないかと思います。

Q 03 変動性（波）

吃音が出たり出なかったりと、日によって違いがあります。

7歳の息子です。4歳過ぎからどもるようになりました。どもるのがとても目立つときとそうでないときがあります。何が息子の負担になっているのかを知りたくて育児相談所の先生に相談したところ、日記をつけてみてはどうかと勧められました。目立つときには何があるのか、その原因がわかればと思って続けていますがはっきりしません。目立って見ているところが違うからなのでしょうか。息子のために何かしてやれることはないでしょうか。

吃音のある人の多くは吃音症状が変化します。それほど変化しないという人もいますが、変化することを自覚している人のほうが多いようです。吃音症状が多く出るときとそうでないときと、全く出なくなるときがある、といった現象が起こります。そうした変化を「波がある」と表現します。吃音症状の「波」は吃音のある人によって、その受けとめ方や感じ方に違いがあります。人生のなかで波そのものが変化していくとも言われます。

吃音症状の「波」は、朝昼晩で変化する場合もあれば、週単位、月単位、年単位といった変化もします。さらに、これらの波を重複してもっている場合があります。周りの人が感じる吃音症状の「波」と吃音のある人が感じている「波」とは必ずしも一致はしません。３歳ごろに吃音症状があって、やがてそれがなくなり、６歳でまた現れ出したという場合、それを「再発」と表現しますが、これも「波」としてとらえることができなくはありません。

ここで、「波」に関して二点、大切なことを述べます。

まず一点目です。「波」は、吃音症状が多い時期と少ない時期、もしくは全く見られない時期が交互に訪れる現象です。これらを表現する際につい「悪い時期」、「良い時期」といった言い方をしてしまうものです。吃音症状があるときよりもないときの状態を「良い」と表現される気持ちはわかります。ですが、吃音症状が出ることは「悪い」というわけではありません。波によって吃音症状が多く出たり出なかったりをくり返すということだけなのです。吃音症状が多く出ている状態を「悪い」と見立ててしまうと、お子さんも「吃音とは悪いもの」という認識になってしまいます。表現の仕方を意識していただければと思います。

「波」のきっかけになっていそうなものを見つけられたら、という思いで日記をつけ始められたのですね。吃音の「波」は、それが引き起こされる何らかの起点となるものがあって、その出来事が引き金となり、以後、吃音症状が出現してくる、または目立つようになる、逆に軽減していくといったそんな単純なものではありません。例えば、発表会などで、人前で話さなければならないという不安や、何らかの失敗をしてしまった、叱責を受けた、ということなどは日常で当たり前に起こる現象です。ところが、これらが「波」を起こしているのではないかと考えられがちです。一、二度そうした出来事と「波」とが重なると、どうしても因果関係があるように思えてしまうものです。そうはならなかった例外は完全に見過ごされてしまいます。発表会などがもし引き金になっている、と仮定をすれば、参加をやめさせるのでしょうか。それが本当に良い選択であるのかどうか考えてみる必要があります。発表会に参加することをやめさせるかどうかという前に、参加のさせ方について工夫できることはないかについて考えてみられることをお勧めします。負担の少ない参加のさせ方を考えてみたり、工夫してみたりすることは、これからの生活にも役立つ視点です。

ところで、「波」はどうして生じるのでしょうか。そのメカニズムはまだ解明されていません。これまで多数の吃音のある人に「波」についてうかがってみました。「身体の変化」、「身体のリズム」、「調子」といった表現をされる人が多くおられました。スポーツ選手で例えてみますと「からだの変化」、「調子」といった表現をされることがあります。ただし、ここで使われる「調子」は、「調子が良い↕悪い」、「好調↕不調」、「絶好調↕スランプ」といった「良い・悪い」という「価値付け」がされていることが多いようです。くり返しになりますが、吃音が出ないことが「良く」て、多く出てしまうことが「悪い」と表現されないようにお願いします。お子さんもそれにならって同じように考えてしまうからです。まずは、「波がある」ということの事実を受けとめていただき、それは「時期によって変化するもの」であること、「波」によって生じる吃音症状を「悪いこと」としてとらえるのではなくて、「いまはそういう時期」としてとらえていただけるようにお願いしたいのです。これからは、「波」の起点探しのための記録から、お子さんの成長や発見を確認するための日記にしていかれてはどうでしょうか。

二点目です。吃音のあるお子さんから、「もう、あ・あ・あってならなくなったよ」、「もう治った」と保護者に言ってくることがあります。そんなとき、どのように返答されますか。これは、お子さんからの喜びの宣言のようにもきこえ、しかも、突然のことで驚かれてしまうあまりに「『そう、良かったね』、『ほんとうね。治ったね』と応えてしまった」と回想される保護者が多数おられます。この後のQ＆Aで、お子さんと吃音の話を日ごろからしておくことの重要性について記していますので、くわしくはそちらをご覧いただければと思います。お子さんから「あ・あ・あ・あってならなくなったよ」、「治った」と突然言われてしまう前に、保護者の皆様からあらかじめ、吃音には「波」という不思議な現象があることを伝えておくことをお勧めします。不思議なことやわからないことを何でも親子で話し合える関係を日ごろからつくっておくことは大切です。4～5歳のお子さんでしたら「波」について理解することは十分にできます。お子さんには自覚がないように見えても、どうかたずねてみてください。そして、ぜひ教えてあげてください。

では、「波」のことをどのように説明するとお子さんにわかりやすいでしょうか。ことばをどうお使いになられるか、年齢や関心の度合いによって工夫する必要があります。例えば、こんなふうに表現してみられるのはどうでしょうか。

○○ちゃんは、ときどき「あ・あ・あ・ありがとう」みたいに、「あ・あ・あ」ってなっちゃうことがあるよね。これってね、前にもお話したように、そのままたくさん出しておいたほうが良かったんだよね。覚えてくれてたかな。どうしてたくさん出しておいたほうが良いのか、その理由は言えるかな。今日はね、もう一つ大切なことを伝えておくね。とても不思議なことなんだよ。「あ・あ・あ・ありがとう」の「あ・あ・あ」がいっぱい出るときと、あんまり出ないときがあるみたいなんだけど、◯◯ちゃんはどう思う？ 「あ・あ・あ」ってたくさん出るときとあまり出ない（または全くでない）ときがあるかなって思ったりする？ どうかな。「朝と晩で出たり出なかったりするよ」って言う人もいればね、1週間とか、1か月とか、半年とか、それくらい時間が経ったら「変わるよ」って言う人もいるみたい。その人その人で感じ方が違うんだって。こんなふうにね、出たり出なかったりって変化することをね、「波がある」って言うんだ。◯◯ちゃんはいま、「あ・あ・あ」ってそんなになってないよね、どうだろうか。でもね、またしばらくしたら「あ・あ・あ」ってたくさん出てくるときが来るかもしれないんだけれど、いまみたいにたくさんお話ししてね（または、いまは「あ・あ・あ」って、たくさん出ているときだと思うんだけど、またしばらくしたら少なくなっていくから、「あ・あ・あ」が多くても少なくても、いっぱいお話ししてね）。

この説明のなかで、吃音症状の一つである「連発」を、「そのまま出してお話ししてね」という説明をしていますが、併せて解説します。吃音症状と言われるものはQ4の

Aでくわしく取り上げていますのでそちらをご覧ください。ここで簡単にお伝えしますと、吃音には「連発」・「伸発」・「難発」という3つの吃音症状があるのですが、これらが多く出る時期とあまり出ない時期、また全く出ない時期が起こるというのが「波」の現象です。つまり、吃音のある人がいま「連発」を伴ってお話ししているとすれば、「波」によって「連発」が多くなったり少なくなったりするのです。「伸発」が多い人、「難発」が多い人は、それぞれ「伸発」、「難発」が波によって目立つ時期とそうでない時期を迎えるということです。なお、吃音症状は、「連発」から「伸発」、そして「難発」へと進展（悪化）していくことが多いのですが、このことと「波」とは別のお話になります。Q4のAをどうかご参照ください。ここでは、吃音症状の多い・少ないは時期によって変化する、ということをご理解ください。お子さんの日常をふり返ってみられて吃音症状の変化はいかがですか。

さて、お子さんから「もう、あ・あ・あってならなくなったよ」、「治った」と言ってこられた場合の応答の仕方について述べておきます。

「良かったね」と応答してしまいますと、以降、「波」によってまた吃音症状が出現し始めたときに、お子さんは「親に『治った』って言ったのに、また出てきてしまった、どうしよう」と考えてしまいます。そうして、親の前では吃音症状を出さないようにしようと隠し始める場合があります。そうさせないためにも、「しばらくしたらまた出てくるかもしれないよ」、「出てきてもいまみたいにお話ししてね」としっかり伝えておかれることをお勧めします。そう言ってもらえたお子さんは安心されるはずです。ただし、「難発」が中心の話し方をされている人の場合は「いまみたいにお話ししてね」といった声かけをしても、納得できないかもしれません。もちろん、「難発」を伴った話し方であっても「全く平気だ」という人もいらっしゃいますが。「すっと言えない」、「出てこない」ことのしんどさや苦しさを感じている人もおられ、なかには「のどのところが痛い」と訴えて来る場合もあります。「最近はすっとことばが出てきているみたいね」、「また、すっと出にくいときがくるだろうけれど、お話ししてね」と事実をふまえた返答をされることをまずはお勧めいたします。

Q

04 進展（悪化）

以前は吃音が目立っていましたが最近はほとんど見られなくなってホッとしています。このまま吃音が治ってくれたらと思います。

7歳の次男です。5歳の初めから「じ・じ・じ・じーじ（祖父）」、「ご・ご・ご・ごめんなぁーさい」と、吃音が目立つようになりました。出たり出なかったりの「波」もあります。その後は減ってきている感じです。本人にききますと「まだ治ってない」と言います。気を付けて言おうとしているみたいで、時折タイミングを取るようにしながら話しています。このまま治ってくれたらと思います。以前のように「ご・ご・ご・ごめんなぁーさい」がまた出てしまわないか心配です。

以前よく見られていた「ご・ご・ご・ごめんなぁーさい」といった「連発」、そして一部に「伸発」を伴った話し方が次第に見られなくなってこられたということですね。そして、以前のようにまた「連発」や「伸発」が出てしまわないかとご心配なのですね。

ここでは、吃音症状の種類と、それらがどのように変化していくのかについてくわしくお話しします。これは吃音を理解していただくうえで大変重要な部分になります。本書ではこの後もくり返し触れていきます。そのつどご確認ください。

吃音とは、人が耳できいて「どもっている」とわかる特徴的な話し方、それを言語症状とも言いますが、そうした話し方をされているということが前提にあります。この特徴的な話し方のことを吃音症状、もしくは中核症状と言います。吃音と言う場合は、厳密には特徴的な話し方以外に態度や感情といったものも含みます。吃音症状の特徴的な三種類の話し方を中核症状と言います。中核症状とは、「連発」（くり返し）、「伸発」（引き伸ばし）、「難発」（阻止《そし》・ブロック）の三つです。この三つの話し方の特徴を説明します。

「連発」とは、「あ・あ・あ・ありがとう」と語頭音をくり返したり「これ・これ・これ・これほしい」のように語そのものがくり返されたりすることです。語尾がくり返されることもまれにあります。

「伸発」とは、「あ・あ・あーーーりがとう」の「あーーー」の部分に見られる伸ばした言い方です。多くの場合は「連発」に伴って「伸発」が見られます。

「難発」とは、最初のことばがすっと出てこないために力んで言おうとするものです。「難発」は軽いものから、のどの周辺がしめつけられて呼吸が止まり、酸欠状態で顔が真っ赤になってしまうような重いものまであります。「あ・あ・あ・ありがとう」と、一見すると「連発」のようであっても「あ・あ・あ」の部分に力みを伴う場合は「難発」です。軽い「難発」は他者に気付かれることが少なく、吃音のある人だとはわかりません。一方で、声が出せずに息が絶え絶えになっている重い「難発」の状態は、他者からすぐに気付かれてしまい、いったい何事かと驚かれます。極度の緊張やあわてて言おうとするためではないかと誤解をされてしまいます。吃音のために「難発」になってしまっているということは一般の人にはわからないのです。

ここまでで、吃音の特徴的な話し方である中核症状、すなわち「連発」（くり返し）、「伸発」（引き伸ばし）、「難発」（阻止《そし》・ブロック）についてお伝えしました。いま、お子さんは「連発」が目立たなくなってきたということですが、「伸発」・「難発」についてはいかがでしょうか。タイミングを取りながらお話しされているということですね。

次に、とても大切な説明をします。

中核症状として「連発」・「伸発」・「難発」の三種類があります、ということ以上に、これらがどのように変化をしていくのかを理解していただくことのほうがずっと重要です。

発吃時期（どもり始める時期）は2歳から4・5歳ごろが最も多いと言われています。そして、発吃は最初「連発」で始まることが大半なのです。2歳から4・5歳といえば言語発達の途上です。幼少期のお子さんが「こ・こ・こんにちは」という話し方をしても周りの人は「かわいらしい言い方」、「まだ、たどたどしい言い方をする時期だから」、「言いたいことがいっぱいあって、口が追いついていないだけ」といったとらえ方をします。そうして周りの人はそのままきき流すか、「あわてなくても良いから」、「ゆっくり言ったらいいよ」、「ちょっと落ち着いて」といった声かけをしがちです。なかには「はい、こ・こ・こ・こんにちは」と、まねをして返答される人もいたりします。

ぜひ知っておいていただきたいことは、「連発」を伴って話すお子さんは、最初は自分がそのような話し方になっているということに気付いていないということです。つまり、「すっと言えない」、「もどかしい」、「言いにくい」、といった感じはない

ということです。これらは、きき手である周りの人が感じてしまうものなのです。お子さんは「連発」を伴った話し方を気にすることなくたくさんお話をしてくれます。ですから「連発」が目立つのです。そうして、「連発」が周りの人の耳に留まり、「あれ、どうして何回も言うの？」、「どうしてそんなしゃべり方なの？」、「変な話し方！」と思われてしまうのです。やがて直接指摘をされ始めます。また「どうしてそうなるの？」ときかれるようになります。本人は最初、何を言われているのかとキョトンとするでしょう。ですが、何度も「どうして」とたずねられたり指摘されたりすることで、次第に自身の話し方に注意を向けるようになっていきます。そうして「連発」を伴った話し方に気付かされるのです。

こうして自身の「連発」がわかるようになってきますと、人から何度もたずねられたり指摘されたり、場合によってはまねをされたり笑われたりしないようにと、「連発」を出さないようにすることを始めます。それでも最初のうちはうっかり出てしまいます。話したいことがたくさんあるからです。ですが、「どうしてそんな言い方をするの？」とたずねられてもうまく説明できません。そこで対応策を考え出します。「こ・こーーーんにちは」と「連発」を伸ばして言おうとするのです。これが「伸発」です。

「連発」が現れてから少し後に「伸発」が目立つようになります。2歳代で「連発」から「伸発」へと移行するお子さんもいます。3～4歳では「伸発」は普通に見られるぐらいに特別なものではありません。つまり、3～4歳のお子さんはすでに「連発」を伴った話し方を自覚していることが多いとも言えます。自身の話し方に注意を向けているのです。それは周りの人からの指摘によって気付かされたものなのです。いくらご家庭で吃音には一切触れないようにしてこられたとしても、きょうだいや周りの人からの指摘によって気付かされてしまうのです。いかがでしょうか。主として3～4歳のお子さんが「連発」を出さないようにと考え出した方法、その努力が「伸発」なのです。ですが、この「伸発」もひんぱんに使われるようになりますと周りの人の耳に留まります。そして、「どうして伸ばして言うの?」、「どうしてそんな言い方するの?」、「変な言い方!」となります。「連発」を出さないようにとがんばって「伸発」で対応してきたにもかかわらず「伸発」もダメ出しされてしまうのです。さて、そうなるとどうすれば良いでしょうか。本格的に気を付けて話さなくてはとさらに注意に拍車がかかります。以前よりも話し方に注意を向け始めますと、「あっ、いま『連発』が出そうだ」と言う前にわかるようになってきます。この時期に周りの人から「ゆっくりね」、「落ち着いて」といった声かけをされますと、本人は「よし、落ち着いてだ」、「ゆっくり言わなきゃ」と構えるようになります。そして、そのための努力が見事〝成功〟し、一瞬間を空けるようにしながら意識すると連発を伴わないで言えるようになるのです。そして、「やったぁ！　こうして言ったらいいんだ」と喜々とします。周りの人は「あれ、治ったんじゃないか」と思えるぐらいに感じられます。保護者に「これまで、すらすらとお話されている時期はありませんでしたか」とうかがいますと、たいていの人は「そんな時期があった」と回想をされます。それは吃音のあるお子さんの努力によって成し得た成果なのです。やっと手にしたこの話し方は、以後、何度も使われていきます。こうして気を付ける言い方の効果が継続していけば、成人の吃音の人はいなくなるでしょう。気を付けて話せば良いのだということになります。実際にはそうならないのです。それはどうしてでしょうか。

努力によって身に付けたこの話し方は、効果があるものですから以後、何度も使おうとします。言う前に少し止まって、構えをつくり、「せーの」と心のなかでつぶやきながら話します。それをいつも、どんなときにも使っていますと、次第に慣れが生じてきます。この慣れが、これまでのような効果を生みにくくしてしまうのです。または、効果に不安を感じるようになるのです。そして、言う前に（いやいや、もう一度気を付けて……）と、これまでよりももっとがんばろうとするのです。そして、言う構えを以前よりも強めます。たいていの場合、身体に力を加えて息を止め、「せーの」とタイミングを見計らって言おうとします。この方法が次第に効かなくなり、焦りとともに、さらに身体に力を入れようとします。本人の努力とは裏腹にこのような構えで発話に臨みますと声が出しづらくなっていくのです。その現象に本人はさらに焦り始め、とまどいます。「声がすっと出せなくなってしまった」と苦しみ始めます。周りの人から「早く言ってよ」とせかされるようにもなり、がんばって言おうとするのですが、声はますます出てこなくなるのです。そこで、手をふり下ろしたり、眼をギュッとつぶったり、足を踏み込んだり、上体を前後にゆすったり、といった動作をつけることで何とかその場で言えた、という経験をします。そうしますと以降も同じような場面で同じような動作を加えて言おうとします。このようにして学習された動作のことを随伴《ずいはん》症状（随伴《ずいはん》運動）と言います。随伴《ずいはん》症状は、「難発」（実際は「難発」だけではなく「連発」、「伸発」の際にもみられます）から逃れるための手立てとして「逃避」または「逃避行動」とも言われます。そうして話す場面で定着していきます。

その他に、「言えない」、「言おうとすると『連発』が出そうだ」と思うために、吃音症状が出ない、または出にくいと思える別のことばに言い換えようとします。「ありがとう」のかわりに「サンキュー」のように言い換えるのです。また、言うことそのものをやめてしまう場合もあります。答えがわかっていながら吃音症状が出てしまうと思い、「わかりません」と答えてしまうなどです。このように、吃音症状の出現を避ける行動、これらを「回避」または「回避行動」と言います。こうして、中核症状によって引き起こされるさまざまな態度や行動、そして、それらに伴う感情を「吃音の二次的症状」と言います。吃音は言語症状である中核症状だけではなく、二次的症状をしっかりととらえることが重要なのです。つまり、できるだけ二次的症状を引き起こさせないように、または、できるだけ少なくするように、どういったかかわり方をしていかなければならないのかを考える必要があります。

いかがでしょうか。「うちの子はまだ3歳なので吃音のことは全く気付いていません」と言われる保護者がおられますが、それならば、お子さんが「連発」から「伸発」になっていること、「難発」が出始めている理由をどのように説明できるでしょうか。「連発」を自覚しており、それを何とかしようと努力しているのではと、とらえ直す必要はないでしょうか。くり返しになりますが、「連発」は本人にとって、苦しい話し方でもわずらわしさを感じることもありません。自然な話し方です。ところが、「連発」を出さないようにしようと努力し始めますと、その結果、生じる「難発」は大変苦しい話し方となってしまうのです。しかも、このことは周りの人にはわかってもらえず、本人だけが背負わなければならない苦しみとなるのです。言いたいことを別のことばに換えて言おうとする「言い換え」や言うこと自体をやめてしまうことも、吃音のある人にとってそれらがどれだけ苦しいことなのか、周りの人にはわからないのです。ですから「言い方を換えて言えるならそれで良いじゃない」、「話すことばかり考えなくても書いたら良いんだ」といったことを平気で口にしてしまうのです。

このように中核症状がそれぞれどのような過程をたどって現れてくるのか、その過程をご理解いただけたかと思います。吃音の中核症状が連発から伸発、そして難発へと変化し、さらには二次的症状が引き起こされる過程を吃音の「進展」(悪化)と言います。これらのことを知っていることは吃音を理解されるうえで大変重要です。

現在、お子さんは、「連発」を伴った話し方を日常会話でどれくらい出せているのでしょうか。それを、いまお子さんの吃音がどういう状態であるのかを知る一つのバロメータにすることができます。もちろん、「連発」が出ていれば安心ということではなく、安心して出せる環境を積極的に作っていくことで、以後もその状態を維持することができるという発想と、そのための実際の取り組みが必要になってきます。「連発」を伴った話し方を平気で出せる環境下において、多くのお子さんの「連発」は、そのまま増え続けていくのではなく、成長に伴って減少していくことがほとんどなのです。「この場では『連発』を出したくないな」というときだけ、話し方のコントロールをするので、「いざというときは言える」という自信も育まれていきます。現在、「難発」を伴った話し方になっているお子さんであっても、安心して「連発」や「伸発」が出せるという状況になれば、「難発」は次第に減少していきます。つまり、話すことが楽になっていきます。自然に出てくる「連発」と笑顔が戻ってくることは小児の吃音臨床に携わり、環境づくりに着手されている人であれば当たり前に経験されていることです。

ただし、何事においても幅というものがあります。連発⇩伸発⇩難発という過程をたどらずに「いきなり難発から始まりました」という人も多くはありませんがいらっしゃいます。2歳代で突然声が出せなくなり、飛び上がって話そうとするお子さんです。本人はもちろん「言えない」という自覚がありますから、喉の辺りを指して「ここが痛い」と訴えてきたりします。話をすることをすべてやめてしまうというまでにはなりませんが、ときに言うのをあきらめてしまうことはあります。しかし、そのうち「難発」が無くなり「連発」が出現してくるか、吃音症状そのものが消えてしまうという過程をたどります。また、「伸発で始まりました」という保護者の報告もあります。以前に「連発」がみられていたかもしれませんが「伸発」がとても目立ってしまうお子さんです。このように、多くはありませんが、連発⇩伸発⇩難発という明らかな過程をたどらないお子さんもおられます。また、周りの人から「連発」を一度も指摘されたことはないけれども、自分で気になってしまい、以後「連発」を出さないようにしてきたという人や、周りの人は吃音のことをよくわかってくれており、安心して「連発」を出しても良い環境であるにもかかわらず、どういうわけか「難発」になってしまったという人もいます。

ここで考えてみてください。5歳になっても平気で「連発」を伴いながら話してくれているお子さんがいるとします。「連発」を伴った話し方を「治さないといけないもの」、「格好が悪いもの」ととらえないでこれまで来たからです。そのように本人がとらえるためには大人のかかわりが不可欠です。

一方で、3歳で「連発」⇩「伸発」となり、5歳で「難発」に苦しんでいるお子さんがいるとします。そのような状態になる前に、「連発や伸発はそのまま出していても大丈夫」、「連発を出さないようにしようと力んで言おうとすると余計に声が出なくなってしまう」という吃音の進展のメカニズムをぜひともお子さんに教えてあげてほしいのです。安心して「連発」を出しながら楽に話せる環境を作ってあげるためには大人のかかわりが不可欠です。それは、保護者が率先して周りの人々と一緒に作り上げていく必要があり、そこが親として最大の努力をすべきところです。その具体的な方法ついては後のQ5のA・Q8のAで詳細を記しています。

Q 05

吃音の意識

本人に吃音を意識させるのが一番良くないと思い、これまで吃音の話題は一切してきませんでした。

小学6年の長男に吃音があります。3歳を過ぎた辺りから始まりました。5歳からずっと発達相談の先生にお世話になっています。「本人に吃音を意識させないこと」と教えていただき、家では吃音の話題はタブーにしてきました。これまで長男から「どうしてこんなふうになっちゃうの?」と二度ばかりきかれたことがあります。「ちゃんと話せているから気にしないで」と伝えてきました。もうすぐ卒業式があり、「将来の夢」を一人ずつ壇上で言わないといけないそうです。長男は「卒業式に出たくない」と言います。発達相談の先生は「無理をさせないほうが良い」とおっしゃいます。卒業式を休ませたほうが良いのでしょうか。この先のことを考えると不安です。

A

長い間、さまざまな思いで子育てをされてこられたことが伝わってきます。発達相談の先生にこれまで支えていただいたのですね。「吃音の意識」、「本人の負担になるようなら休ませるべきか」、「将来のことを考えると不安」といったところがご心配のところでしょうか。整理しながら考えていきましょう。

「吃音を意識させない」とはどういった配慮だと思われますか。吃音が始まった後に、しばらくしてご本人は自分の話し方を周りから指摘されることによって、または自身で気付くようになります。通常、吃音は「連発」で始まることが多く、周りの人々は「連発」を伴った話し方に注意が向きます。そして、本人に「どうしてそんな話し方をするの?」とたずねます。こうして、本人が気付くようになった「連発」を「意識させない」ということは、「意識してはだめだ」といったかかわり方になってしまう恐れがあります。そういう態度の表明になってしまうのです。そもそも、どうして「吃音を意識させない」ことが「良いこと」なのでしょう。Q4のAに、「連発」が始まり、周りの人々の指摘によって本人が「連発」を出さないように工夫することで「伸発」に、そして「難発」へと進展（悪化）していく過程について解説しました。「吃音を意識させない」という文言の背景にある意図は、「吃音について触れない」ということではありません。正確には、「連発を伴った話し方をするたびに本人にそれを自覚させ、修正させることは、してはいけない」という意味なのです。それはどうしてでしょうか。そうです。「連発」を出さないようにすることでやがて「難発」へと悪化していくからです。

お子さんは過去に二度ばかり、自身の話し方についてきいてこられたということですね。「どうしてこのような話し方になってしまうの？」、「周りの人たちはならないのに、どうして自分だけこうなるの？」という意味合いできいてこられたのではないかと想像します。また、「これって治るの?」、「どうやったら治せるの?」といった意味合いも込められていたかもしれません。お子さんの問いに対してお母様は、「ちゃんと話せているから気にしないで」と伝えられています。多くの保護者はこうした返答をされます。どう返答すれば良いのか突然の問い合わせに困惑しながら急場しのぎに返答されてしまわれることが多いのです。ただ、このように返答されたお子さんの心情を想像してみましょう。「どうしてこんな話し方になるの？」という自身の話し方についての疑問に対して「ちゃんと話せているから」と否定されてしまったことになります。お子さんは「そうか、思い過ごしか。気にしないでおこう」となるでしょうか。そのように理解してくれるお子さんもいるかもしれませんが、周りからの指摘はあいかわらず続くでしょうし、気にしないで過ごすことはできません。しばらくして、保護者に同じ問いをしてくるでしょう。それでも取り合ってもらえない場合、「気にしすぎなんだ」、「そんなことを気にしていてはだめだ」といったメッセージを受け取ってしまう可能性があります。「だって、あ・あ・あってなっちゃうんだもん」とお子さんがくいさがっても、「そんなことはないから。もうそんなことを気にしないで」と返答されてしまいますと、「もうこれ以上この話題はしないように」と言われているような空気を感じ取ってしまうでしょう。「もうこの話はしないほうが良いんだ」、「このことはもう言わないようにしよう」と考えてしまいます。そうなりますと、わからないからききたいのにきけない、相談したいのにしてはいけない、という感じになり、やがては独りで抱え込んでしまうことになります。「気にしてはダメなんだ」というセルフメッセージに対し、「そうは言っても気になってしまうから……」という葛藤によって思いは消化されないまま孤立し、吃音に向き合っていくことが難しくなっていきます。もしも、お子さんが吃音のことでたずねてこられることがありましたら、それは吃音のことを正しく教えてあげられるチャンスの到来だと思ってください。それがいつになるのかは定かではありません。いつきかれても良いように、どういったことばでどのように伝えるか、そのための準備をあらかじめしておかれたほうが良いと思います。きいてくるまでひたすら待つ、という態度よりも、むしろ、こちらから積極的に働きかけるほうが良いと思います。

以上のことを踏まえて再度、発達相談の先生がおっしゃった「本人に吃音を意識させない」という助言に戻って考えてみましょう。これ以上、吃音を悪化させないように、吃音症状が減ってくれるようにという願いのもとで、吃音を意識させないために吃音の話をタブーにすること、触れないようにすることは、結果的に症状を悪化させてしまうことになるのです。意図されていることや願っていることと、もたらされる結果との間に乖離《かいり》が生じてしまいます。「吃音を意識させない」という文言の本当の意味は、「連発を伴った話し方を注意してやめさせたり修正したりすることをしてはならない」ということなのです。いかがでしょうか。これまで考えてこられたことと違うかもしれませんん。改めて「ことばの表す意味」をとらえなおしてみることは大切です。
もし私でしたら、周りの人からの指摘が起こる前にきちんとお子さんに、「連発を伴った話し方になっていること」、「家族はそのことに気付いていること」、「連発を伴った話し方でたくさん話してほしいこと」、「波があること」、「周りの人にもこれらのことを知っておいてもらう必要があること」を説明するようにします。

次に、「本人の負担になるようなら卒業式を休ませるべきか」について考えてみましょう。これは、「休ませるほうが良いか休ませないほうが良いか」といった議論をしていても答えは出ません。これまでどのように過ごしてこられたのか、休ませるという選択がどのような意味をもつことになるのかについて十分に吟味をする必要があるからです。「本人の負担になるようなら卒業式を休ませるべき」なのだとしたら、何が負担になりそうなのかを考えてみることです。それはこの先の将来にもつながる大切な視点です。「皆の前で吃音症状を出したくないと思っているため」、「吃音症状が出ないように発表は控えさせる」ことの意味を本人も交えて、学校の先生と一緒に考えてもらう必要があります。

これまで長年にわたってお子さんと吃音についての話をしてこられなかったとすれば、これは想像ですが、お子さんは周りの人からの吃音の指摘に何とか独りで対応をしながら、「連発」や「伸発」を出さないようにがんばってきた可能性があります。その結果、次第に「難発」を伴った話し方が中心となり、どうしても言わないといけない場面では間が空いてしまい「早く言ってよ」とせかされたり、「随伴症状《ずいはん》」が現れたり、言えることばに言い換えたりしてこられたのかもしれません。もしも、こうした状況であるとするなら、周りにいる人々やお子さん自身が、今後変わっていかない限りこの状況は継続していくでしょう。つまり、将来も人前で話すことをかなり意識しながら暮らしていくことになります。もっとも、「多少は吃音症状が出てしまってもいたし方ない」とお考えになっているとすれば、将来もそのようにやっていける可能性があります。ただ、外側から見える吃音症状をお子さんがどのようにとらえているかはさまざまです。周りからは「その程度のことで?」と感じられる吃音症状でも、本人にしてみれば神経をすり減らしながらクタクタになっている場合があります。他方、かなりの吃音症状がみられ、周りが「つらそう」だと感じていても、本人はそれ程負担を感じることなく生活をしているという場合もあるのです。これればかりは心情を話してもらわないと実際のところはわかりません。ですから、吃音症状や日常生活の態度だけを根拠に、勝手な憶測によって判断せず、お子さんの心情をきいてみられることと、理解しようとされる態度がまずは大切です。いまからでも決して遅くはありません。お子さんのお気持ちや考え方にどうか耳を傾けてあげてください。小さいうちから吃音について親子で話し合っている人はいざというときに大切な話し合いがしやすいものです。「小さいときから吃音の話題に触れさせておくこと」の意味はそこにあるのです。小学6年生のいまからでも決して遅くはありませんから。

次に、「無理をさせないほうが良い」から「休ませる」という対処について考えてみましょう。「吃音と向き合わなくてすむ」、「回避の助長」だけになるのであれば「休ませる」という対処は得策とは言えません。ですが、話さなければならない場面や発表の機会を一時的に避けさせることで別の利益がある場合は一時避難としての意味はあります。多大な不利益が継続している場合、それを一時避難によって軽減し、安心できる状態へと戻すことで本来の力を発揮できるかどうかの判断をします。

例をあげて考えてみましょう。学校の授業中に、音読・英訳・一定の長さを伴う説明、その他には、号令をかける、「健康観察」のようにクラス内で順次返答しなければならない状況があるとします。（いつ当たるだろうか）と、ドキドキしながらひたすらいまかいまかと待ち続けることや、自分が当たりそうなところを先回りして言うべきところをつぶやくなどして練習しながら待つことで、不安は増大していき（これを「予期不安」と言います）、なかには、身体に変調（多汗、過呼吸、腹痛、頭痛など）をきたす人もいます。そして、その教科の学習内容は耳に入らず、結果として成績がガタ落ちしてしまっているとします。これは相当に辛い状況です。ですが、本人は我慢しているというのが大半です。当てられないということがはっきりす

ればどれだけ安心して学習に集中することができるでしょうか。しかし、そんなことは希望しても絶対に受け入れてもらえないと本人はあきらめてしまっているのです。当てないということを先生に確約してもらうことで、落ち着いて学習に取り組むことができ、本来の実力を発揮できるとしたらどうでしょう。不安からくる身体症状の苦痛から解放されるとすればどうでしょう。授業中に「当てない」ことをお願いしにいく必要があります。ただし、「当てない」とは単に「順番を飛ばす」ことではありません。席順や名簿順といった何かの順番によって指名していく方式ではなくランダムに当てるように変更してもらい、本人を指名しないという確約をもらうことです。給食当番の「いただきます」、「ごちそうさま」のあいさつは日ごろから二人ペアで同時に言うようにすれば比較的言いやすくなります。また、体育の号令はやめていただくか、どうしても必要であるということであれば「速く」、「よどみなく」といった価値基準を入れずに、本人にどの辺りで号令を言うと負担が少ないかをききながら場所を調整していきます。号令は一番目が良い、最後が良い、前の人にかぶせるようにして言うと言いやすいなど、人によってさまざまです。国語の音読では、流暢《りゅうちょう》さをことさら重視した評価をやめていただくことや、何人かと一緒に音読させる、九九のテストに「何秒以内に」という時間制限を設けないこと、詩の暗唱テストも同様に、周りの児童・生徒が声を出して練習している最中に、離れたところで先生と二人でおこなうようにするといった配慮も可能です。もちろん、これらは吃音のあるお子さんだけに講じる対策ではなく、全員同じようにしていただく必要があります。こうした事柄を教科担当の先生に、または学校側に保護者から要望をお伝えするようにします。吃音のあるお子さんが中学生や高校生であったとしても保護者から伝えるようにします。

ところで、こうした要望をお伝えした際によく話題にのぼる事柄があります。先生からの「将来もずっとこのような配慮をしてもらうのですか」という問いです。先生のなかには「わかりました。そのようにいたします。ですが、これからもずっとこのようにしていかれるおつもりでしょうか。いずれは親の意見をきいてもらえない状況にもなります。就職された後はどうするおつもりでしょうか。それよりも、いまがんばってこの事態を正面から乗り越えさせることのほうが大事ではないですか」と、お子さんの将来について真剣に考えてくださるあまり、真摯に言ってこられる場合があります。どのようにお答えになりますか。こうした問いを投げかけられることは珍しくはありません。

ですから、事前に答えを準備しておく必要があります。先生から「考え直してみてください」、「もう少しこのままで様子を見ませんか」と押し切られてしまって、これまでと事態は全く変わらず、本人が一番落胆されてしまうでしょう。そうならないためにも、「将来のことについても吃音を専門にされている先生と十分に話し合っています。そのうえでのいまの最善の選択なんです。将来のことはそのときに考えても決して遅くない、大丈夫だと言われています。まずはいまをどうするかを最優先に考えるべきであると。ですからどうかご配慮をよろしくお願いいたします」と、口頭と文書を合わせてお伝えされるのが最も効果的です。大切なことは、単に授業中に「当てない」という確約を取るだけで終わりではないということです。本人に吃音の基礎知識をきちんと伝え、「難発」で発話困難に陥っている状況であるなら、その対処（楽な発話への練習）も併せて検討していきます。そうした土台がきちんとあることで、将来においても安心して対策を考えていくことができるのです。

なお、教科担当の先生や学校側に要望を出される際には、吃音のある中学生・高校生であっても、「もう中学生なんだから」、「高校生なら自分のことは自分で」と、本人に言わせるのではなく、必ず保護者がそれを担ってあげるようにしてください。理由は、中学生・高校生といえども教師と生徒との間には力関係があるからです。もちろん先生によってさまざまでしょうが、本人からの要望と保護者からの要望では先生の受けとめ方が違うものです。本人から教科担任の先生に要望を伝えるとして、どれくらい説得力のある説明ができるでしょうか。本人が「がんばって自分で伝えたい」ということであれば、それはそれで良い経験となるでしょう。ただし、そうであっても、まずは保護者が先生に直接ご要望をお伝えし、そのうえで、本人の努力を活かすようにしてあげてほしいのです。過保護にはならないのか、といった次元の話ではありません。保護者としての役割を果たすための最大の出番はまさにこの部分なのです。保護者の要望だけでは力が弱いと感じられる場合や、要望をされても取り合ってもらえない場合には専門家の意見書を提示されることや、他に理解していただけそうな先生、特別支援教育のコーディネーターの先生などに同席をお願いし、協力を要請していかれることをお勧めします。

06 吃音を治すこと

同居している祖父が「もう一度ゆっくり言ってごらん」と次女に言うのが気になります。

次女は現在8歳です。もともとことばが遅く、3歳になってからようやく話せるようになったという感じで、その後しばらくしてからどもり始めました。同居をしている父方の祖父は、小学校の校長をしていた人で、次女の吃音を大変心配しています。次女がどもるたびに「もう一度ゆっくり言ってごらんなさい」と声をかけます。そのときはどもらずに言えたりするものですから「ほら、ゆっくり落ち着いて言ったら大丈夫」と教えています。国語の音読練習も祖父と週に3回程しています。「治してやらないと将来大変なことになる」と祖父は言います。このまま祖父に任せておいても大丈夫なのでしょうか。

A

お子さんの教育に関して専門家がご家族のなかにおられる場合、よほどのことがない限り、まずはその人の助言を受け入れる必要がありますね。お義父様は小学校の校長先生の経験もおありの人ですから、教育についての知識は豊富でしょう。しかし、吃音についてはいかがでしょうか。吃音の問題は、「あまりよく知らない人が安易に助言や指導をしてしまうこと」と最初に

記しました。お義父様は教員としてのこれまでのご経験は豊富かもしれませんが、吃音についてはどれくらいの知識をおもちでしょうか。なかなか正面からはそんなことはきけませんね。

例えば、お子さんの吃音症状に対して「もう一度、○○○ってゆっくり言ってごらん」と再度言わせた場合に吃音症状を伴わずに言えることは十分にあり得ることです。そういった現象から「ほら、ゆっくり言ったらどもらずに言えるでしょう」と解釈されてしまいます。ゆっくり言ったからどもらずに言えたのではないのです。吃音のある人が、「早口よりもゆっくり言ったほうがどもりにくい」と感じることは多いのですが、「ゆっくり言ったところでどもるときはどもる」、「速く言ってもどもらないときはどもらない」というのが実際のところです。つまり話すスピードはある程度吃音症状に関与しますが、スピードそのものが吃音症状を生んでいるわけではないということです。難しいですね。つまり、お嬢さんが「ゆっくり言ってごらんなさい」と言われた後、どもらず言えたのは、通常の会話ではない「再度同じことを言わせる」という違いによって生じた現象なのです。対話というモードから離れれば離れるほど、どもらずに言えるものなのです。こうした不思議な側面を持っている吃音のことを、周りの人にどのように説明すればわかってもらえるでしょうか。例えば、このように表現できるかもしれません。

人と、お話ししようと構えたときに、スイッチが入る

「スイッチが入る」とは吃音症状が生じるという意味です。まず「人と」のところです。相手が人以外の場合には吃音症状は生じにくいのです。例えばどういった場面が想定されるでしょうか。ペットなど、動物に話しかける際や独り言のときです。ただし、周りにきいている人がいるという場合や、独り言であっても相手をかなり意識しての発話の場合には吃音症状は現れます。相手が人であっても対話を想定しないやりとり、例えば赤ちゃんに声かけをする場合は通常、吃音症状は現れません。これも周りに人がいてきかれていると思うと違ってきます。寝言はどうでしょうか。寝言であっても吃音症状は現れます。それは夢のなかで人と対話しているからです。「寝ていても緊張しているとは」と、吃音の誤ったとらえ方をしている人がいます。緊張が吃音症状の直接の原因ではありません。どもるかもしれないという不安感（予期不安）が緊張とともに吃音

症状を生じさせるのです。ですから「緊張しないでね」という声かけには意味がないということがおわかりいただけると思います。

次に、「お話ししようと構えたとき」についてです。対話のモードから離れると吃音症状はまず出ません。ただし、過去の場面を思い出しながら言うなど、架空の場面を想定すると吃音症状は現れます。では、対話の場面ではない発話とはどんなときでしょうか。歌うときです。歌唱は対話ではありません。ですから吃音症状は出ないのです。ただし、歌手のように「歌詞を意識しながら聴衆に伝えよう」、「歌詞を間違わないように歌おう」と思い過ぎてしまう場合や、ラップなどの会話調の歌の場合には吃音症状が出てしまうということがあります。また、誰かと声をそろえて言う場合は吃音症状が出にくくなるのも一対一の対話とは違うからです。さらに、きょうだい喧嘩で相手に汚言を言い放つようなときにもすらすらと言えます。これは怒りの感情を表現しているためであり、相手を言い負かそう、説得しようなどと考えてしまうと、怒りの表現であっても吃音症状は出てきます。

次に、「スイッチ」についてです。誰と話すか（人）、どこで話すか（場所）、話の中身（内容）、何時か（時期）の4つの要素によってこのスイッチがonになったり

offになったり、また対話の途中で切り替わったりします。さらに、吃音症状には「波」がありますので、「波」がこれら4つの要素に加わります。吃音症状が多く出る時期とそうでない時期があり、誰と、どこで、何の話を、いつするか、によって吃音症状の様相が違ってくるのです。

いかがでしょうか。「ゆっくりね」、「落ち着いてね」という声かけで変化した吃音症状をとらえて、このような声かけに「効果がある」と解釈されてしまいがちです。吃音のある人にとっては「ゆっくり言おうが、落ち着いて言おうが、どもるときはどもる」というのが実際のところだということをご理解ください。ひょっとすると、どこかで「ゆっくりね」、「落ち着いてね」といった声かけはしないほうが良い、とおききになっていらっしゃるかもしれません。大切なことはどうしてそのようにしないほうが良いのかというその理由を理解しておくことです。一般論として、あわてて話さなくてもよい場面で早口になってしまっている場合は、「もうちょっと落ち着いて話してみて」、「ゆっくりでいいよ」と声をかけることはいけないことではありません。吃音のある人であっても同じです。ただ、「吃音症状を出さないように話してね」といった誤ったメッセージとして受けとられないように表現を工夫する必要があります。「連発」を伴いながら話している場合に「ゆっくり」、「落ち着いて」といった声かけが「連発を出さないように気を付けて話してね」という意味に取られないようにしていただきたいのです。

ところで、お義父様の「治してやらないと将来大変なことになる」ということばは重いですね。吃音が治らないと本当に大変なことになるのでしょうか。吃音のある人でそう思われている人は実際にいらっしゃいます。ですが、そう思われていない人も多数おられるというのも事実です。その違いはどこから来るのでしょうか。吃音症状の重い軽いでしょうか。それだけではありません。吃音症状がその人の人生にどれくらい、どういった影響を与えているのか、それらが一様ではないためです。

ところで、「吃音は治さなければならないもの」なのでしょうか。特に、自然に現れる「連発」の言い方は出さないように修正していかなければならないものなのでしょうか。「連発」は未熟な発音のように気をつけて話していくことで治っていく部類のものなのでしょうか。また、「連発」は未熟な話し方であるために言語訓練によって矯正することが可能なものなのでしょうか。もしそうであるなら、矯正を希望される人はいらっしゃるでしょう。そのことで、周りから指摘されなくてすむようになりますから。

ここで、発音の未熟さを例にして考えてみます。「さ行」音の発音が「た行」音の発音（さかな ⇩ たかな・ちゃかな）になっている、「ら行」音の発音が「だ行」音の発音（らいおん ⇩ だいおん）になっている状態のことです。発声に関係する器官の運動の麻痺や形態に異常がないことを前提に、こうした発音の未熟さ（誤り、誤学習、未修得）を年齢や言語発達を考慮したうえで「機能性構音障害《きのうせいこうおんしょうがい》」と言います。お子さんの年齢や言語発達、ご本人の練習に対する意欲を考えながら言語訓練（矯正指導《きょうせいしどう》）を始めるかどうかを決めます。ただし、訓練をするかどうかは、誰と、どこで、いつ、どのような内容の話をしようが「さ行」音の発音はいつも「た行」音の発音であり、「ら行」音の発音はいつも「だ行」音の発音になっていることが条件です。ときどき「さ行」音や「ら行」音が出せる、また、その兆しがみられる場合には言語訓練はしません。そのうち自然と言えるようになるからです。「機能性構音障害《きのうせいこうおんしょうがい》」のあるお子さんは、言語訓練によって「さ行」音・「ら行」音の発音が言えるようになります。言えたり言えなかったりの「波」は起こりません。一度、発音を習得すれば以後もずっと言えます。この訓練の内容はきちんと方法が確立していますので発音矯正《きょうせい》が可能なのです。

では、吃音はどうでしょう。「連発」は人と話そうとするとき、音読を人にきかれているときに現れます。そうでないときには生じません。つまり言えるか言えないかの次元で言えば問題なく言えているわけです。ならば、人との関係の問題なのでしょうか。対人恐怖や緊張が強いためでしょうか。そうでもありません。そう考えてみますと吃音は本来、矯正されるべき対象なのかということになります。矯正すべきであると、練習を重ねていった結果、「連発」を出すまいとすることで「難発」となり、声が出なくなってしまうとしても矯正が必要なのでしょうか。「連発」や「伸発」よりも人の耳に留まりにくい「難発」のほうがまだましだと思われるでしょうか。それは、「難発」で苦しんでいる人のお気持ちを全く理解していないということになります。では逆に、「難発」で苦しんでいる人に「無理しないで『連発』や『伸発』を出して話すと楽だよ」と言えばそれで良いのでしょうか。そう言われたからといって、すぐに「連発」や「伸発」を伴った話し方ができるかというと、それほど簡単なものではありません。「連発」や「伸発」を出さないようにと努力を重ねてきた時間、それに伴う気持ちや身体の動きがあり、簡単には切り替わってくれないものなのです。

幼少期に見られる吃音症状は、就学前後になって自然に消えてしまうことが多いのですが、就学以降であっても吃音症状が突然、または次第に消えてしまうことがあるのも吃音の不思議なところです。一方で、吃音とともに暮らしていかれる人もいらっしゃいます。今後、吃音の原因が現在よりも明らかになり、治療法が確立されるかもしれません。ですが、いまは、吃音のあるお子さんが自分と向き合いながら、これから先、どのように暮らしていくと良いのかをご一緒に考えてくださることが重要ではないかと思うのです。「もし吃音がなかったらこうしていたのに」、「いつか吃音がなくなったらこんなこと、あんなことをしてみたい」といった希望ではなく、「吃音はあるけれど私はこれがしたい」といった生き方を応援していきたいのです。その応援の最大の土台になるのが、吃音のあるお子さんと周りの方々への吃音の理解・啓発です。

Q

07 どもってもいい

「吃音を専門にしている人の講演をきく機会があり、お話に感銘を受けました。「どもってもいいんだよ」とすぐに息子に伝えてみたのですが……。」

地域で吃音のことを相談できる専門機関がありません。先日、吃音を専門にしている先生の講演をきく機会がありました。「まず吃音を認めること」、そして「どもってもいいということを子どもに伝えること」といったお話に大変感銘を受けました。これまでずっと吃音には触れないようにしてきました。吃音の話をしたことは一度もありません。早速、中学3年生になる息子に「どもってもいいんだよ」、「この話し方があなたの個性なんだから」と伝えてみました。息子は突然だったこともあり、驚いた様子で、しばらく沈黙した後、「母さんは僕のこと何もわかってないな」とつぶやくように言いました。息子にどう声をかけてあげれば良かったのでしょうか。

「連発」を伴った話し方を当たり前に出せる生活環境がこれまであって、普段から不自由なく過ごしてきたと仮定しますと、思春期真っただなかにいる青年は自分の吃音にどう向き合うことになるでしょうか。現実には、周りの人から話し方の指摘やまね、からかいといった体験をこれまで重ねてこられているでしょう。そうした暮らしのなかで自分の吃音と向き合ってこられたのです。人前で吃音症状を出さないようにと努力されてきた歴史があるはずです。吃音のことを親子で話し合う機会はこれまでなかったのですね。そうしたなかで突然「どもってもいいんだよ」と告げられたらどうでしょう。「そうか！」とはなかなかならないものです。「どもってもいい」というメッセージの受けとめ方に親子の間で温度差があります。親御さんからのメッセージが空回りをしてしまって、伝えたいことの本質を考えられないのかもしれません。ひょっとすると、息子さんにしてみれば「どうしていまごろそんなことを言うのか」、「もっと小さいときにそれを言ってほしかった」といった思いが沸き上がってこられた可能性もあります。過去を変えることはできません。だからこそ、これからをどうしていけば良いのかを考えていきましょう。

息子さんからつぶやかれた「母さんは僕のこと何もわかってないな」ということばはこたえますね。息子さんにしてみれば「そんな簡単なことじゃない」という思いがあるのかもしれません。いかがでしょうか。これを機に息子さんと吃音について少しずつお話をしてみられては。アドバイスは一切おやめになられて、「そんなことがあったんだ」、「そんな思いをしてきたんだ」と、ただひたすら思いやこれまでの暮らしや息子さんのこれまでの歩みについて、教えてもらうというのはどうでしょうか。すぐに話してくれないかもしれません。ですが、こちらが「ぜひききたい」という態度で臨まれるのなら、時間はかかっても話してくれるようになるかもしれません。息子さんの話をきくことに徹してみてはいかがでしょうか。

本書をお読みくださっている保護者の皆様のなかには、お子さんが中学生、高校生、または成人を迎えておられる、もう中年期に差しかかっておられるという人もいらっしゃるかもしれません。「吃音とはこういうもの」、「このように吃音のことを考えれば良い」といった簡単なものではないことは、本書をお読みいただかなくてもご存じのことかと思います。お一人お一人が、これまで積み上げてこられた暮らしがあって、ご家族の歴史とともに吃音があります。吃音はその人の暮らし、人生に大きくかかわっています。例えば、「吃音さえなかったら、いまごろはこんなことをしているはずだ……」といった考え方をどれぐらい強くおもちであるかどうか、どれくらい長い間、こうした気持ちを抱き続けてこられたのか、によっても暮らしは大きく違います。これまで、さまざまな思いのなかで、揺れるお気持ちを感じとりながら今日までこられました。そして、これからも暮らしていかなくてはならないのです。

「吃音のない人にはこの気持ちは決してわかりっこない」、「吃音がないからそんなことが言えるんだ」といったことばがあります。吃音のない保護者やきょうだいなどに向けて、吃音のある人から投げかけられるこうしたことばは、珍しいものではありませんか。では、吃音のある人なら吃音のある人の気持ちをわかってあげられるのでしょうか。もちろんわかる部分はあるでしょう。しかし、それはすべてではありません。人が違えばその人にとっての吃音のありようもまた違うのです。その人がつくり上げていく人生が違うからです。ですが、ついつい吃音のある人のなかには「自分と同じ経験をするはずだ」と思い過ぎてしまい、「こうしたら良いんだ」、「こうすべきだ」とアドバイスをしてしまうことがあります。吃音のある人も、まずは良いきき手となっていただき、十分に本人のお話をきいてくださった後から、「私の場合はこのようにしたんだけれどね……」と、本人が自由に考えを巡らすことがで

きる材料の一つとして紹介、提案をしていただけるとありがたいと思います。

「吃音がないからそんなことが言えるんだ」と、後からふり返ってみれば言っても仕方のないことだとはわかっていながらつい口にしてしまうのはなぜでしょう。「もっと気持ちをきいてほしい」、「私の話をしっかりきいてほしい」という気持ちの表れではないでしょうか。そうした大切な気持ちを置いてきぼりにされて、「こうしたら良い」、「ああしたら良い」とアドバイスだけをされてしまうことに腹立たしさを感じるのは当たり前のことです。

胸の内を人に話をきいてもらうこと、これまでの思いをすべて語ろうとすることは勇気のいることです。ですが、きちんときいてくださる人がいらっしゃって、しっかりと耳を傾けてくださる人に、「話せた」、「受けとめてもらえた」と感じることができると、気持ちがとても穏やかになり楽になっていきます。元気が湧いてくることも多いのです。それはアドバイスによってもたらされるものではありません。ですから、まずはアドバイスをしないでただひたすらきこうとすること、その効果は意外と大きいのです。

吃音をきちんとわかってくれている人との会話はとても安心できます。そうであっても、吃音のある人がその場で「どもっても良い」と思われるかどうかは別の話です。重要なことは、吃音のある話し方であっても「大丈夫だ」と思えるような相手、環境がないまま「どもっても良い」とはなかなか思えないということです。幼少のお子さんにとって保護者が「そのままの話し方で構わないんだよ」と宣言してあげることは意味のあることです。このままの自分で良いんだと、伝えてもらえることは意義のあることです。ですが、これは家庭内でのことです。一歩家から出れば外の世界があります。保護者が始終お子さんのそばにいるわけにはいきません。常に他者とのかかわりがあって、お子さん自らが暮らしを紡いでいかなければならない社会集団があるのです。そうした場において「大丈夫だ」と思えるには、本人の気持ちのもちようの前に、社会への働きかけが不可欠だと思います。そのためのくわしい手立てはＱ８のＡに記しています。家庭と外の世界との両輪がきちんと回り出すことで安定した走行になります。吃音の理解・啓発はそのためのものであり、安心・安定走行がこれからも持続していくための必要なメンテナンスなのです。

Q

08 吃音の理解・啓発

周りに娘の吃音のことを知ってもらいたいと思い、担任の先生に「クラスで吃音の話をしてほしい」とお願いしに行きましたが、断られてしまいました。

小学1年生の娘に吃音があります。娘には、これまで吃音についてきちんと話してきました。保育園では担任の先生に協力していただいてクラスのお友だちに吃音について話してもらいました。そのこともあって娘は「連発」と、ときどき「伸発」でたくさん話してくれています。いっとき「難発」になった時期はありましたが、再度クラスでお話をしてもらってからはなくなりました。小学1年生になって2カ月が経ちます。娘に学校の様子をきいてみますと、「学校では気を付けて話しているから大丈夫」と言います。できれば学校でも家にいるときと同じように「連発」や「伸発」をそのまま出せる環境を作ってやりたいと思い、担任の先生に相談しました。入学前にも一度相談をしたのですが「少し様子をみたい」というお返事でした。今回も先生から「特に気になりません」、「いま、クラスで吃音のお話をすると、かえって注目されてしまい、からかいの対象になってしまうかもしれません。もう少しこのまま様子をみませんか」と言われてしまいました。本当にこのまま様子をみていても大丈夫なのでしょうか。

A

「本当にこのまま様子をみていても大丈夫なのでしょうか」というおことばは「様子をみているだけでは不安です」ときこえます。保育園では吃音症状を伴いながらもたくさんお話をしてこられたお嬢さんですね。その姿は頼もしく、それこそ安心して「様子をみること」ができたのではないでしょうか。周りのお友だちが知っていてくれることは安心ですね。「様子をみて良い」のは、様子をみても良い条件が整っていればという裏付けが必要です。小学校という新しいステージで、吃音のことをよく知ってくれているお友だちもクラスにはいらっしゃるでしょうから安心できる部分はあります。反面、初めて出会うお友だちは、お嬢さんの吃音について何も知らないという不安があります。これまで「連発」で話してこられたお嬢さんでしたら、いざとなれば「連発」を出さないで話そうとすることはそれ程難しくはないはずです。ですが、それがずっと続くとどうでしょうか。

「現在、周りの子どもたちから吃音症状について指摘やからかいがあるかどうか」ということを指標に、吃音の理解・啓発を周りにおこなうかどうかの判断をするという発想は、その考え方の根本のところで違和感があります。指摘されていないなら周りへの理解・啓発はいらないと考えておられるのでしょうか。子どもたちはことばにして表現していないだけで、心のなかでは「どうしてあんな話し方なんだろう」と疑問に感じていたり、学校では言わなくとも家庭で「○○さんは、こんな話し方するんだよ」と親御さんに報告していたりするかもしれません。先生の「少し様子をみたい」というお考えの背景には、こうした事態に想像力が及んでいない可能性があります。そして、吃音はそっとしておくべきもの、吃音症状は目立たなくなったほうが良い、といった考えがあり、吃音は格好が悪い、劣ったもの、笑われるもの、治すべきもの、といったとらえ方があるように思うのです。

周りの人から指摘されたり、からかわれたりするようになって初めて周りに理解・啓発の検討をしようとすることは、後手後手の対策です。「連発」を伴いながら話している人がクラスにいたら、その話し方が気になってしまって指摘をしたり、理由をたずねたりするお友だちがいるのは自然なことです。本人がうまく問いに答えられる場合は良いのですが、相手や状況によっては、吃音の説明をどのように言うか、どんな順番で話していくかといった微妙なアレンジをしなければなりません。それはかなり大変なことです。さらに、吃音の話し方を周りの人から何度もきかれるという場合に生じる心情について考えてみましょう。新しい物品を購入したり、良さがわかる品物を持っている場合に、「それどうしたの?」と、問われても返答はしやすいでしょう。それでも何度もきかれると面倒に感じますが。では、体格、肌や髪の色など、その人の身体の一部分の特徴や、その人自身を表すようなことについてきかれる場合はどうでしょうか。「違い」を前提とした問いは往々にして、きいた側には「良い・悪い」というつもりはなくても、きかれた側は「違いがいけないこと、悪いこと」として受けとめてしまう可能性があります。ですから、何度もきかれることで面倒になり、気持ちのうえでもうれしいものではありません。そのため、「もう、きかれたくない」と思い、その結果、「連発」を伴った話し方をやめよう、出さないようにしようと考えるようになります。これが「進展（悪化）」の過程でした。友だちからの指摘を受け、傷ついたり嫌な思いをしたりしていることが確認されて初めて対策を講じようとする発想の元にあるのが「様子をみましょう」であり、こうした態度は、「放置」と何ら変わりません。「様子をみましょう」ということばは、あたかも子どもたちをありのままに温かく見守っているかのようにきこえますが、実際は現状をとらえきれていない無責任な対応であると思います。そうとは知らずに、また、これといった具体策があるわけではなく、「とりあえず様子をみましょう」となってしまっているのが現状です。その対応の結果、吃音のある人の心が大きく痛んでしまうのです。

吃音のことを正しく理解しようとすること、それは吃音のある本人はもちろんのこと、その家族、そして周りにいる全員にとって必要なことではないでしょうか。吃音のある人がたまたま身近にいなかったために吃音のことは何も知らない、何も学ばなかった、ではなくて、これから出会う可能性の高い吃音のある人のことを正しく知っておくことはどれだけ良いことでしょう。知らないがために誤解したり傷つけてしまったりする事態を防ぐことができるのです。世界には１００人に1人の割合で吃音のある人がいます。日本にはおおよそ１２０万人の人に吃音があると考えられます。そのなかで、吃音で悩んでいる人がどれくらいの割合でいるかはわかりません。仮に10分の1の人に吃音があることで悩んでいると仮定してみても12万人の人の味方になれるのです。

例えば、発達障がいがあるお子さんの行動を一面的にとらえて、「あれは親のしつけがなってないからだ」と誤解されることがよく起こります。保護者はそうした周りの親たちの視線によって傷つくのです。また、場面緘黙《かんもく》のお子さんに「ここでは緊張しなくてもいいから、どうだろう、勇気を出して言ってみようよ」と声をかけることがご本人をどれだけ傷つけてしまうことになるのか、ということがわからないのです。場面緘黙《かんもく》のお子さんは、「言いたいのだけれど言えない」という苦しさがあるのです。「悪気はなかった」、「知らなかった」ではなく、だからこそ「知っておくための機会として学習の場を設けていきませんか」ということを周りの人たちにきちんと伝えていく取り組みなのです。何も難しいお話ではありません。

では、「吃音があるんです。指摘したり、からかったり、笑ったりしないで、最後まできいてください」とだけ伝えて吃音の理解・啓発になるでしょうか。カミングアウトも同様です。私の考える吃音の理解・啓発は、吃音の何をどのように伝えるのか、伝える意味と効果をしっかりと考え、周りの大人の協力を得ながら学びの場を作り上げていこうとする取り組みです。それらによって得られた経験は、吃音のある人も周りにいる人にとっても人間として成長する大きな学びのチャンスになります。その際に、力強い支援者となってくれるのが言語聴覚士やことばの教室の先生といった専門家です。ただ、言語聴覚士やことばの教室の先生は、それぞれ専門分野があって、どなたであっても吃音に関する深い知識をおもちかというとそうではありません。実際、吃音を専門にしていらっしゃる専門家は少ないというのが現状です。つまり、素人の域を超えない程度の知識しかもち合わせていない言語聴覚士やことばの教室の先生がいらっしゃるということです。相談員や保健師、保育士やクラス担任の先生であっても、吃音のことをしっかりと学んで来られた人もいます。そうした人と出会えれば心強いでしょう。残念ながらそういう人が周りにいらっしゃらないとしたら、これから一緒に勉強していける人を見つけるという発想も可能です。吃音の理解・啓発の必要性を理解されている人はまだ少数で、「吃音には触れないようにそっとしておきましょう」、「様子をみましょう」と言う専門家の方が優勢です。そうした考え方を変えていってもらうための学びが不可欠でしょうし、粘り強い説得が必要です。知識や理屈だけではなく、その人の気持ちに訴えていける「ことば」も重要です。まずは、「吃音について一緒に勉強してくださいませんか」というお誘いをしてみましょう。応じてくださる先生は少なからずいらっしゃるのではないでしょうか。ともに学びながら徐々に誤解を修正し、理解を深めていただけるようになれば、それもまた吃音の理解・啓発になるのです。

ではここで、理解・啓発の手立て、手順についてまとめて記します。お子さんの年齢、園や学校といった所属先によってもアレンジが必要です。ここでは根幹にかかわる部分についてくわしく記します。ご参考にしてください。

まず、園や学校のクラス担任の先生に、クラス・学年・園や学校全体で吃音の学習を推し進めていく機会をもつ意味、すなわち、どうして周りの人たちに伝える必要があるのかについて、理解していただく必要があります。「そっとしておく」、「しばらく様子をみる」ことがどうして良くないのかを「進展（悪化）」の解説によって説明する必要があります。これが、保護者の皆様に最初に取り組んでいただきたいところです。吃音について書かれたリーフレットや書籍などを先に読んでもらってから進めていかれるのも一案です。吃音にくわしい言語聴覚士やことばの教室の先生に同席をお願いできると心強いです。ですが、あくまでも、保護者の皆様は、ご自身の立場において、保護者としての意向を園や学校側に伝えるという重要な役目があることを認識していただきたいと思います。お伝えする際には、①周りに伝える理由、②期待できる効果、③何をどのように伝えるか、④本人にどのように臨ませるか、⑤伝えるための具体的な段取り、⑥伝えた結果についての検討をどうするか（伝

えた後の感想等の収集など）の6点を、できれば文章にしてあらかじめまとめたものを園・学校側に提出されるのが望ましいと思います。その手順について次に述べます。

手順

①伝える理由

周りの人の何人かはすでに吃音のある人の「連発」・「伸発」・「難発」といった吃音症状に気付いている可能性があります。いまは気付いていなくても、成長に伴ってこれから確実に気付くようになります。通常、吃音のある人には「連発」と言われる、ことばの最初を何度かくり返す話し方、「あ・あ・あ・あ・ありがとうございます」といった話し方が現れます。これは、本人にとってはごく自然な表現の仕方で、言いにくさやもどかしさといったものは感じておらず、従って、連発を伴ってたくさんお話をしてくれます。ですが、きいている人にとっては一番耳に留まりやすいのです。そのため、（どうしてそんな話し方をするの？）といった疑問が生じ、その疑問を吃音のある本人に直接たずねることが予測されます。本人がその問いにきちんと答えられないでいると何度もたずねられることになります。その結果、「もうたずねられたくない」、「言われたくない」という思いから、これまで自然に出せていた「連発」を出さないようにしようと工夫を始めます。そうして「連発」を伴った自然な話し方を抑え込み、「あ・あーーーーりがとうございます」といった「伸発」という、ことばの最初を伸ばした話し方に変えていきます。こうした工夫もやがては「どうして伸ばして言うの？」といった問いによって次の対応を強いられることになります。つまり、（「連発」も「伸発」も出さないように言わなくては）といった思いにさせるのです。そこで、身体に力を入れて、息をこらえ、力んで言おうとする「難発」へと変化していきます。努力の末の結果なのですが、本人の思いとは裏腹に「ことばがすっと出てこない」という苦しい話し方へと移行していくのです。つまり、症状が悪化していくのです。そうさせないためには、「『連発』をそのまま出しながら話せる環境」にしていき、悪化を予防するために「吃音の学習」の機会を設ける必要があります。現在、「難発」になってしまっている、さらには、身体の動作を伴う「随伴症状《ずいはん》」があるお子さんもいます。「難発」が生じた際に、少し待ってあげると良いことや、随伴症状《ずいはん》がどうして起こるのかという解説も合わせて、吃音がある人にどうやってかかわっていけば良いのかについても学習してもらえます。こうした機会は吃音に限らず、クラスにいるさまざまな人と一緒に過ごす園、学校という場で、誰もが暮らしやすく、誰もが人として尊重される共生社会を作り上げていくための実践保育・教育になります。

②期待できる効果

吃音を知ることによって、「連発」を伴った話し方でたくさん話しても大丈夫なのだということがわかるようになります。「難発」になってしまっている人が次第に「連発」を出せるようになり、その結果、「難発」が減っていく可能性も期待できます。吃音のある人が困っていることはどういうことで、どのようにかかわっていけば安心してもらえるのかを一緒に考えていく体験とともに、知らぬ間に誤った対応によって傷つけてしまうといった事態を防ぐこともできます。吃音のある人もない人も安心して暮らしていける社会を作っていくための具体的な取り組みになります。

③何をどのように伝えるか

「伝え方の実際」（98ページ）、「内容」（99ページ）をご参照ください。

④本人にどのように臨ませるか

　吃音の学習の際には、できるだけ本人にもその場にいてもらえるように後押しします。さらに、可能であれば、簡単なメモや作文などを準備し、最後に一言コメントとして言ってもらえるように応援します。どうしてもその場にいることが難しいという場合は別室で待機する方法があります。ただ、自身の吃音のことをどのように解説され、周りの人の反応はどうなのかといった雰囲気を直接肌で感じ取ることは大きな学びと安心になります。また、自分のことを知ってもらうことの喜びや自信につながりますし、自分自身について理解を深めることにもなります。できる限り皆さんと一緒に話がきけるように促してみま

す。そのためにも先生からの後押しが重要です。

⑤伝え方の具体的な段取り

どの時間帯（どの教科の時間）で扱うのか、どれくらいの時間を設けるのか（例えば、おおよそ15分~20分で吃音の解説、本人のコメント5分程度、「ふり返り」を書いてもらうのが10分程度など）、どんな場所でどういった姿勢できいてもらうのか（教室・体育館・クラスの自席に着席して・床に座って・グループで話し合いをするのかどうか）、誰が主に解説するのか（担任・保護者・吃音の専門家）、本人や保護者のメッセージがある場合にそれを誰が伝えるのか、代読するのか、視聴覚資料（板書やパワーポイント）、配布資料（リーフレットなど）の併用、その場で質問を受けるか受けないか、受けるならおおよその質問の想定とその答え方（誰が答えるのかなど）を整理しておきます。

⑥伝えた後の感想の収集方法、成果の確認

吃音の学習の後、感想や意見をその場で言ってもらうのか、文章で書いてもらうのか

を決めておきます。書いてもらう場合は問いの項目を設定しておきます。それらを発表し合ったり、「クラス新聞」やPTA向けの「おたより」に掲載したりするなど、学びをどのように共有するのかも考えておきます。

伝え方の実際

保護者・担任・本人、また、必要に応じて主任・園長・副園長・特別支援教育コーディネーター・学年主任・教頭・校長といった方々にも同席していただき、事前の打ち合わせ会議を開催します。そこで、先に示しました準備の①～⑥を確認します。大人数の事前会議でいきなり進めていくことに負担を感じられるようなら、保護者・担任・本人だけで事前に集まり、先に話し合いをして流れを確認しておきます。できれば、吃音の学習を終えた後にもう一度会議の場を設けます。そこで、吃音についての学習の場を設けたことによる感想や意見を出し合い、成果の確認をします。さらに、今後の取り組みについても話し合っておきます。

内容

対象の年齢（学年）、集団の大きさ、どの時間帯（教科）に、どんな場所でおこなうかによって内容と構成をアレンジします。吃音のあるお子さんはクラスの自分の席で話をきくのか、グループになって話し合いに参加してもらうのか、あらかじめ用意した資料に書き込んでもらいながら進めていくのか、クイズ形式にするのか、資料の掲示方法、ＩＣＴ機器の活用などを一つずつ検討していきながら、場の構成を考えていきます。他のクラスや先生、ＰＴＡの人も一緒にきいていただくのか、また、今後の学習のためにＶＴＲで記録を撮っておくのかについても決めておきます。

ここでは就学前の年中～年長辺りの園児さんから小学校低学年の児童さん向けに解説を組み立ててみました。先生のほうを向いて席に座り、一斉にきいてもらうスタイルです。途中、質問を投げかけ、答えを活用していく方法を取っています。ここで話される表現などをヒントにアレンジをしていってください。

①吃音症状の周知

皆さん、知っているでしょうか。「おはようございます」ってごあいさつをするときにね、「お・お・お・おはようございます」って言っちゃう人がいることを。いま笑った人がいますが、これはね、わざと「お・お・お・お」って言っているのではないんです。勝手に「お・お・お・おはようございます」ってなっちゃうんです。だから、皆さんを笑わそうとしてわざと「お・お・お・お」って言っているのではないんです。

じゃ、これはどうでしょうか。「お・お・お・おーーーーはようございます」、「あ・あーーーーりがとうございます」って、「おーーーは」とか「あーーーーり」って伸ばして言う人がいるんですが知っていますか。他にはね、「おはようの、お」や「ありがとうの、あ」のところ、ことばの最初のところがすっと出てこなくて、力を入れてしまって「……おはよう」、「……ありがとう」ってなったり、こんなふうに身体を動かしたりしながら言おうとする人がいます。皆さんはそんな人に会ったことがありますか（そうですね、○○さんは時々、いまみたいな話し方になるときがあるね。○○さん以外にも）そうした話し方をする人はたくさんいるんです。この話し方のことをね「き、つ、お、ん」って言うんです。吃音っていうことば、皆さん覚えておいてください。そして、吃音のある人は全世界で100人に1人ぐらいいるんです。100人いたら1人の人が吃音のある人です。皆さんの歳でしたら100人に5人くらいの人に吃音がありま す。100人に5人です。この園（学校）には全部で○○○人の人がいますから、吃音のある人は○○人ぐらいいることになります。たくさんいるでしょ。子どもだけではなくて大人も吃音のある人がいるんです。

②原因について

ではここでクイズを出しますね。いいですか。「お・お・お・お・おはようございます」、「あ・あ・あ・ありがとうございます」って、どうしてそうなってしまうのでしょうか。わかりますか。まずはお隣の人と少し話し合ってみましょう。後でききますからいまはお友だちと話し合ってみてください（話し合ってもらい、後で意見を発表してもらっても良いでしょう）。

いくつか意見が出ましたね。よく考えてくれてありがとう。こんな意見が出ました。「あわてて言おうとするから」、「早く言わないとって思うから」、「ドキドキして、緊張するから」、「お口とか舌（ベロ）とか、動かし方がおかしいから」、他に「○○」や

「○○○」という意見も出ましたね（お子さんの発言をわかりやすくまとめて確認していくと効果的ですし、お話をよくきいてくれるようになります）。さて、答えです。さあ、どうでしょう。残念ながら、いま出た意見はすべて間違いです。残念ですね。では正解を言いますよ。いいですか、よーくきいてください。いきますよー。

吃音は、あわてて言うからでも、緊張して言うからでも、お口や舌の動かし方がおかしいからでもありません。そのことはね、はっきりとわかっているんです。ではどうして「お・お・お・お・おはようございます」ってなってしまうのでしょう。それはね、いま世界中で偉い研究者の人たちが、どうしてそんなふうになるのかって一生懸命調べているんです。でもね、これがあるから「お・お・お・お」ってなるんだって、その理由はまだ誰も発見していないんです。どうしてなってしまうのかっていう理由はまだはっきりとはわかっていないんです。それはまだ謎なんです。すごいでしょー。これから発見されるかもしれません。でもね、「あわてて言おうとするから」とか「あせって、早く言おうとするから」とか「お口や舌の動かし方がおかしいから」ではないことはわかっています（小学生以降であればストレス説、親のしつけ、家庭環境、ことばの未熟さが原因ではないことも押さえます。また、吃音のある人が周りから「どうしてそうなるの?」ときかれて困っていることも加えるなどしてアレンジします)。

③波について

それからね。これは知っているかな。「お・お・お・お」っていう吃音の話し方なんだけれども、これっていつも出るんではなくて、出るときと出ないとき、たくさん出るときとあんまり出ないときがあるんです。どうしてたくさん出るときとそうでないときがあるのでしょう。その理由もまだわかっていないんです。不思議ですね。このことも知っておいてくださいね(年齢によっては、変化することを図示し、波打っている様子から「波がある」と解説することもできます)。

④進展と連発・伸発の受容

他にね、もっと不思議なことがあるんですよ。良いですか、よくきいていてくださいね。「お・お・お・おはようございます」っていう吃音はね、これって、人とお話しするときになるんです。だけど、歌うときにはほとんどならないんです。不思議でしょ。それからね、この「お・お、・お・お」っていう言い方は、そのまたくさん出しておしゃべりしておいたほうが良いんです。どうしてかっていうと理由は二つあります。その一つは、そのまま出してお話ししているとだんだんと減ってくることが多いからです。どんどん増えたりはしないんです。減っていくんです。もう一つはね、吃音のある人にとって「お・お・お・おはようございます」っていう言い方は普通のことで、「言いにくい」とか、「変な感じ」とかは全くないんです。だからいっぱいお話ししてくれます。だけどね、周りの人が「お・お・お・お」ってまねをしたり、笑ったり、「どうしてそんな言い方するの？」って何度もきいちゃうとね、まねされたくないなぁ、笑われたくないなぁ、きかれたくないなぁって思ってしまいます。そうするとね、もう「お・お・お・お」って言いたくない、出さないようにしようって思うようになるんです。そうするとね「お・お——はよう」って伸ばして言ったり、もっとがんばって言おうとして、「おはよう」の「お」のことばがすっと出てこなくなってしまうんです。声が出てこなくなるって、皆さんびっくりしますよね。すっと言えないと本当にびっくりしてしまいます。それで、どうしよう、どうしようと思ってがんばるんだけれども、もっと声が出てこなくなってしまうんです。話せなくなってしまうんです。それはとても困りますね。皆さんはお話しをするのが大好きでしょうから。だからね、そうならないように、「お・お・お・お」って話している人に出会ったら、たくさん「お・お・お」って出してお話しするほうがいいんだっていうことを知っておいてもらいたいんです（随伴《ずいはん》症状ついても年齢によってはくわしく触れておかれるのも良いかもしれません）。

⑤吃音のある人へのかかわり方

では、「お・お・お・お」ってなっちゃう吃音のある人に皆さんはどうしてあげたら良いと思いますか。まずは、先生がさっき皆さんに伝えたことをちゃんと覚えておいてほしいんです。これから大人になってもね。「お・お・お・お」ってなっちゃう吃音の人がいたら、「お・お・お」ってたくさん出しておいたほうが良いんだってことをね。そのことをどうか知っておいてください。知らない人がいたらね、教えてあげてほしいんです。それから、まねをしたり、笑ったり、「どうしてそんなしゃべり方するの？」ってしつこくきいたりしないであげてほしいんです。そのことも、知らない人がいたら教えてあげてください。「お・お――はよう」って伸ばして言う人にも同じです。「どうして伸ばすの？」ってきかないで、そのままきいてあげてほしいんです。もし最初のことばがすっと出てこない人がいたら、「早く言ってよ！」って言わないで、少し待ってあげてください。そうしてあげるとたくさんお話ししてくれますし、もっと皆さんと話したいなぁって思ってくれます。楽しいお話がいっぱいできますよ。このことも、知らない人がいたら教えてあげてください。それから、もしも吃音のある人が何か困っていそうだったら先生に教えてください。先生も一緒にどうしたら良いのかって考えたいと思います。

⑥周りの人の役割

今日、皆さんは、誰も知らないことを知ることができました。帰ったら家の人にね、ぜひ話してみてください。きっと知らないと思います。「こんな話きいたんだよ」、「こんな勉強したんだよ」ってお話をしてみてください。きっと、「えー、知らなかった！」ってびっくりされます。皆さんのお友だちにもどんどん教えてあげてください。間違ったことを教えるといけないので、もう一度確認しますよ。いいですか。まず、どうして「お・お・お・お」ってなっちゃうんですか？　はい、まだどうしてそうなるのかははっきりとわからないんだったよね。これから発見されるかもしれないけれどもね。ですが、あわてて話すからとか緊張するからではなかったんだよね。お口や舌の動かし方がおかしいからですか？　これも違いますね。吃音のある人は自然にそうなっちゃうんだったよね。それから「お・お・お・お」っていつも出るんだった？　そう、たくさん出るときとあんまり出ないときがあるんだったよね。それもどうしてかはわからないんでした。それから大事なことですけれど、「お・お・お・お」ってたくさん出したほうが良かった？　出さないようにしてお話したほうが良かった？　そう。たくさん出しておいたほうが良かったんだよね。そうするとだんだん減ってくるんだったよね。反対に「お・お・お・お」って出さないようにがんばって話そうとするとどうなるんだった？　そう、だんだん声が出なくなってくるんだったよね。話せなくなっちゃう。それってとても苦しいことだよね。だから皆さんに知っておいてほしいことは？そう、「お・お・お・お」ってたくさん出しながらお話ししたほうが良いんだってこと。知らない人がいたら？　そうですね。教えてあげてください。すごい、100点満点です。

今日帰ったら家の人に教えてあげてください。そして、今日、お休みしてるお友だちや、近所で知らないお友だちがいたら教えてあげてください。そうしたらね、吃音のある人が安心して「お・お・お・お」って言えるから。そして、たくさん皆さんとお話ができるから。これってとても親切なことなんです。いいですね。

注意点

吃音の解説をするということを心がけてください。「クラスにはさまざまな人がいます……」、「人それぞれに得意なものと苦手なものがありますね……」、「人には個性というものがあって……」といった一般的な導入は避けていただき、「皆さんの周りにこんな話し方をする人はいますか……」と吃音についてストレートに話し始めてください。吃音についてのせっかくの学びの中核がぼやけてしまうからです。それから、一般論としての「だれでも苦手なことがある」、「皆仲良く」、「誰もが友だち」、「皆違っても皆一緒」といったまとめ方をしないようにしましょう。仲良くするというお話ではなく「吃音のある人とどのように付き合っていけばよいか」を学ぶ機会です。ここに書きましたことがすべてではありません。必要に応じて知識を加えてください。ただ、知識ばかりを詰め込むのではなく、どのように付き合っていくと良いのか、自分には何ができるのかと考えてもらえるように工夫をしてみてください。そして、「困ったり迷ったりしたら先生にきいてください。先生も勉強しますから」と伝えておかれるのも大切です。

言語聴覚士による臨床現場での支援

餅田亜希子（言語聴覚士）

私は、市民病院で吃音のご相談に来られた方を支援する仕事をしています。「吃音外来ではどんなことをするのですか」というご質問をよく受けます。「吃音を治すために話し方の練習をするのかな」と想像される方も多いようです。当院ではまず、相談に来られた子どもさんと親御さんに「吃音ガイダンス」と称して吃音とはどういうものか、どのように考えたらよいかについてお話しをします。このガイダンスの中で一番大切にしていることは、楽な「連発」はその子にとって自然な話し方であり、そのまま出してお話ししたほうが良いこと、「連発」を出さないように気を付けて話そうとすると、少し苦しい「伸発」や力が入った話し方の「難発」となり、話しづらく感じてしまうことなど吃音症状の進展のしくみについての説明を丁寧にすることです。吃音の症状を悪化させず楽に話せるようにしていくためには、子どもさん本人と親御さんがこのことをきちんと知っておくことが大切です。そして、このことが理解できると、次は家族以外の人たちにもこの認識を共有してもらわなければならないという課題が出てきます。

そこで次に取り組むのが、吃音を周りの人たちに伝え、わかってもらうための『作戦会議』です。作戦の立て方は、年齢や状況によってさまざまです。子どもさんとは、「お友だちに吃音のことをたずねられたらどんなふうに答えるか」を相談します。その際、「吃音のことを言われたら何て言い返すか」といった話し合いにはしません。それでは「自分の弱点を指摘されたらどう応戦するか」になってしまいます。「お友だちは吃音のことを知らないからきいてくるんだよね。どんなふうに教えてあげようか」という視点で考えていきます。「どうしてかわからないけど、これがぼくの話し方だよ」、「あ・あ・あってなっても最後までできいてね」など、対話を通した話し合いによって子どもたちは自分なりの答え方・伝え方を考えます。そして、私が友だち役になりロールプレイで練習してみます。

私　じゃ、先生がお友だちになったつもりできいてみるよ。「ねぇねぇ○○くん、どうして、せ・せ・せ・せ・せんせいって言うの？」

子ども　えっ……わざとじゃないけど、こうなっちゃうんだ。

私　そうなんだー

子ども　せ・せ・せ・せってなるのは、きつおんってゆうんだよ。

私　へー、きつおんってゆうんだね。

このような練習をしながら私は子どもたちに「その説明の仕方、いいね！」、「そうやって教えてあげると友だちも吃音のことを知ることができてうれしいね」と伝えます。すると子どもたちも「吃音って別に悪いことじゃないんだ」、「友だちにきかれても大丈夫なんだ」、「みんな知らないだけだから教えてあげればいいんだ」といったとらえ方ができるようになっていきます。練習の様子を見守る親御さんも「吃音はこの子にとっての欠点ではない」、「この話し方を友だちにわかってもらって、たくさん話せることが大事なんだ」と考えられるようになっていきます。そして、「わが子が吃音をこんなふうにとらえているのだから自分もしっかりしないと」と考えてくださるようになり、園や学校の先生にどのように吃音を理解してもらうか、そのためにはどう伝えないといけないかといったことについて考えるモチベーションが高まっていきます。

そこで、今度は親御さんが園や学校の先生に吃音の理解を求めるための話をする練習です。

私　では、新しい担任の先生を想定して、吃音のことを理解してもらうためにお話しする練習をしてみましょう。私が先生だとして○○さん（お子さんの名前）の吃音について説明してみてください。

母親　えー！

私　では、やってみましょう。

母親　はい……、あの先生、今日はお忙しいなかどうもありがとうございます。2年生の担任の先生からもおききになっているかと思うのですが、○○には吃音があります。そのことでお伝えしたいと思って今日はお時間を取っていただきました。

私　はい、きいています。吃音ですよね。いままでも何人か吃音のお子さんを担任したことはありますし、対応の仕方もわかっているつもりです。

母親　そうですか。いま○○は「あ・あ・あ」みたいな「連発」って言うんですけど、その連発のままでたくさん話をしています。実はこの話し方は○○にとって一番楽な話し方で、私もそのままお話ししていいんだよと伝えています。連発の話し方にならないようにしようとすると「伸発」といって伸ばして話したり、「難発」といって苦しい話し方になっちゃったりするんです。

私　はい……

母親　それで、そういうふうに苦しい話し方にならなくてすむためにも、クラスのお友だちに「あ・あ・あ」っていう話し方は○○の自然な話し方だからそのままでいいんだってわかってもらえるようにお話をしていただきたいんです。

私　○○さんの吃音について子どもたちに話をするということですか？○○さんはいま友だちも多くてクラスでも元気です。話し方に気付いていない子もいるし、指摘する子もいません。わざわざ伝えることで、かえって子どもたちに意識させることになりませんか。それって必要でしょうか。

母親　……そうですよね。私もそういうふうに思ったときもあったんです。わざわざ話をする必要あるのかなって。

私　それに、吃音はこれから練習して徐々に治っていくかもしれませんよね。子どもたちに話すのは何かあってからでもよいのではないですか。

母親　あぁ、はい……、でも○○の「あ・あ・あ」っていう話し方は○○にとって自然な話し方で、その話し方で言いたいことは言えているんです。そのまま話すほうが楽なんです。治さなきゃと思って連発にならないように気を付けたりすると力が入って余計に話しづらくなっちゃうんです。「何かあってから」とおっしゃいましたが、そうならないようにお友だちに知っておいてほしいんです。保育園のときも1、2年生のときも担任の先生がお友だちにお話をしてくれて、その後○○はたくさん話せるようになったんです。

言語聴覚士である私が、あえて理解に難色を示す先生役を演じることで、親御さんは練習といえども必死に対応されます。「うちの子どもには吃音があります、配慮をお願いします」だけでは足りません。何を伝えなければならないのか、なぜ伝えなければならないのかについて頭をフル回転にしながら考えられます。そして、四苦八苦しながらも後には引かず一生懸命説明をしようとしてくれている親の姿を真横で見ている子どもさんはどんなふうに感じるでしょうか。自分が理解され大切にされているということを感じてくれるのではないでしょうか。

こうした練習の後、不安な気持ちを抱えながらも挑戦していくことで多くの親御さんは、「話しに行く前は、先生にうまく伝えられるだろうか、わかってもらえるだろうかと不安な気持ちでしたが、『作戦会議』で練習をしていったので、先生から投げかけられた疑問にもなんとか答えることができました」、「うまくは話せなかったかもしれないけど、大切なポイントは伝えられたと思います」、「先生が『吃音について今まで思っていたことと違っていました。

もっと吃音のことを勉強したいからお母さん教えてください』って言ってくれたんです」といった報告をしてくださいます。もちろん一度でうまくいかないこともあります。そのときは、また親御さんと私とで次の作戦を考えていきます。ご一緒に泣いたり笑ったりしながら吃音の理解・啓発に向けての協同作業をしていくのです。先生に伝える方法については、言語聴覚士という立場から私がお手紙を書いたり先生に直接お会いしたりして説明をすることも可能です。実際、その方法が最善であると判断される状況ではそうしています。ですがその前に、これまでずっと、そしてこれからも長くお子さんを支えていかれる一番の支援者である親御さんが周囲の人たちに吃音のことをきちんと伝え、その人たちの気持ちを動かすことのできる力を養っていかれることのほうがより重要だと考えています。それは、その姿勢が子どもさんに直接伝わるからです。そんな力を引き出せるように親御さんとご一緒に吃音について学び、理解・啓発のための具体的な方法を考えながら強力にサポートしていくのが言語聴覚士である私の役割です。

吃音について子どもたちに伝えるのは吃音のある子どもをいじめやからかいから守るためというだけではありません。吃音のない子どもたちが「そういう話し方の人もいるんだ」ということを知る絶好のチャンスであり、人それぞれの違いや多様性について学べる「共生社会の教育」の機会にもなります。小さいころから吃音を正しく知って大人になっていけるとしたら、それはすべての子どもたちにとって未来への贈り物になります。そういう観点を親御さんや周りの大人に伝え、吃音の理解・啓発の意義をわかっていただけるよう支援していくことに大きな意味があると考えています。

吃音のことをお互いにもっと話しながら理解を深めませんか？

西尾幸代（教員）

「しんどい思いをしている子どもたちやご家族が身近にいると思います」

堅田先生のそのことばに突き動かされて3年前から本格的に始めた吃音の理解・啓発活動。数年前、私は堅田先生のご講義をきき、初めて吃音のことを知る機会を得ました。「吃音が進展する」ということも初めて知りました。一番衝撃を受けたのは、「吃音のことをよく知らないのに安易になされる意見や助言が、ご本人やご家族を苦しめ、ふり回してしまう」ということでした。それは、誰もがご本人や保護者に言ってしまいそうなことばの数々だったからです。その一つに「吃音のことに触れないほうが良い、そっとしておく」ということばがあります。その当時「触れるとなおさら悪化するのでは」という心情を私ももっていました。しかし、堅田先生から「なぜ触れたらいけないのか」と逆に問われたときに「はっ」としました。触れないことで苦しむのは子どもたち自身であり、やがては、「吃音は隠すべきもの」という心情につながると。

私は、勤務先である特別支援教育センターで吃音の相談を始めました。すると「様子をみましょう」、「気にしすぎでは？」、「もっとゆったりと愛情をもって話してあげてください」などのことばに多くの保護者が悩みを抱えておられました。吃音についての解説をさせていただいたあと、「まずは、親子で吃音の話をいっぱいできるようにしましょうね」という提案にたいていの方は驚かれます。しかし、その後、「親子で話せるようになってよかった」と語ってくださることが多くなり、相談の手ごたえを少しずつ感じるようになってきました。

そのうち、「もっと吃音のことを他の親御さんとも語りたい」という保護者の願いを受けて、年に1回「吃音のある子どもの保護者座談会」を開催することになりました。3回目となる今回は保護者17名にゲスト1名とセンター所員らを合わせて28名が集いました。

テーマは「なぜ、吃音のことを周りに伝えていく必要があるのか、どう伝えると良いのか」です。内容は、少人数グループに分かれての話し合い・ゲストへのインタビュー・周りの人に吃音のことを伝えるためのロールプレイと会のふり返りをしました。さまざまな思いが語られ、またそれをきき合います。周りに伝えていくことの不安をきいてこられる父親、伝えることでかえって学校でいじめられないかと心配する母親、周りの子どもたちに伝えた経験を話される母親など、話題は飛びかいます。どの保護者も安心してご自分の思いを話されていました。ゲストには、吃音のあるわが子への向き合い方や理解・啓発活動の取り組みの意味を語っていただきました。

午後のロールプレイでは、「とりあえず様子をみていれば良い」、「子どもに吃音を意識させると余計に悪化するから吃音のことには触れないほうが良い」と周りの人から言われたらどう答えるか、さらに、どう対応してほしいと伝えられるかを参加者に投げかけ、ペアになって取り組んでもらいました。ゲストは「吃音がいけないわけでも、悪いわけでもダメなことでもない、ということを周りの人に知ってもらうことが大切である」と話してくださいました。

参加された保護者からは、「昔は吃音のことしかみえず、息子＝吃音だった。いまでは、子どもの良いところもみえるようになり、自分らしく生きてほしい、その環境づくり、本人の吃音理解を深めることを助けていきたいと思っている」、「同じように悩んでいる保護者さんの体験や実施していることがたくさんきけた」、「本人と話し合う大切さを感じた」、「（いま話しても子どもには理解できないだろう）と私が思い込んでいたかもしれない」、「今後は本人の意見、思いなどもきいて、周りに伝えていけたら良いと思った」、「本人からの発信も社会で生きていくには必要なこと、周りに伝える大切さを本人と話し合う環境が大切だと感じた」といった感想が寄せられました。今回は、保護者と「伝えること」の意味を一緒に考えてきましたが、さらに「伝えること」が目的ではなく、「伝えてよかった」という経験をご本人や保護者に感じていただくためにも、当センターとしてなすべき仕事があるように思いました。会終了後、保護者のみならず、所員からも次回は吃音のある子ども同士のつながりの場をもちたいという声があがりました。

この座談会には、開催の4日前に相談の依頼があった保護者にも急遽参加いただいておりました。高学年生・中学生のお子さんをもつグループにいたそのお母さんは、小学6年生のお子さんが「『委員会の放送があるから学校に行きたくない』と言って号泣したことで、初めて本人が吃音のことを独りで相当ため込んでいたことに気付いた」と涙ながらに語られました。同じグループのお母さん方が「うちも子どもに大泣きされて動いた」、「いまからでも全然遅くないから」、「センターが一緒に学校に入ってくれるから安心して」と声を掛け合っていました。ゲストは「吃音のことをみんなが知っているなかで話すことが、どれだけ楽なことか感じ取れるところまで支え、引っ張ってあげることが保護者の役割」とも話してくださいました。

後日、担当所員は早速この親子に対して吃音の解説をおこなったあと、先生方や周りの子どもにも伝えるための取り組みを始めました。まず、本人からこれまでのしんどかった思いを丁寧にきき取りました。本人は幾度となく涙を流していましたが、帰り際には「初めて話し方のことや自分の思いをいっぱい話せた」と、スッキリした表情をしていました。所員は学校に出向き、管理職や担任、特別支援教育コーディネーターに本人のこれまでの思いを伝えました。本人の吃音に気付いていた先生はいましたが、ただ、そのことで心を痛めていたということは気付いていませんでした。この事実を受け、校長先生、教頭先生ともに「すぐに学校全体で吃音理解の研修をしたい」と話され、研修が実現しました。研修後、先生方は「本人のつらさや保護者の悩みに気付けていなかった」、「吃音のある子どもの精神的な負担や不安が大きいことに気付かされた」、「吃音について誤解していたことが多く、とても勉強になった」、「目に見えない本人のこれまでの数々のつらさが心に残った」と感想を記されていました。すぐに本人にかかわる教員が一堂に会し、所員と一緒に「周りの子どもたちへの理解・啓発」や「卒業までの学校生活をどう支えていくか」について話し合いがなされました。本人を交えた話し合いのなかでは、本人から「自分のことばで（みんなに）言いたい」と言ってくれたことに、母親はもちろん、担任、特別支援教育コーディネーター、所員みんなが目を潤ませました。そうした本人の気持ちに心を動かされ、吃音の理解授業を「ぼくがやります」と担任の先生が言ってくださいました。

授業後、周りの子どもたちの感想には「Aさんがつらい思いをしてきたのだなと思った。Aさんがバカにされたり、からかわれたりしていたら助けてあげたいと思った」、「僕は6年間Aさんと一緒のクラスで、本当のことを言えば5年生くらいからAさんのしゃべり方が変だなと思って、家で調べて『吃音』ではないのかなと思ってた。それでAさんを少しでも楽にしてあげたいと思い、もっと調べてみたら原因や決まった治療方法はまだ見つかっていないと出てきたので、このことをAさんに言うと悲しむかなと思って黙ってた。Aさんごめんなさい。もっと悩みをきいてあげればよかったと思った」など、子どもたちの素直な気持ちがたくさん記されていました。本人自らが「自分で伝えたい」と言ったものの、授業前は「伝えることでみんなに嫌われるのではないか。みんなが理解してくれるかどうかとても不安」という思いを語っていました。しかし、授業後は「伝えてよかった。みんなの感想を読んで涙が出た。伝えて楽になった」と話していました。また、お母さんは「理解授業に向けて、あの子なりに一生懸命手紙を書いていた。いままでになかった姿で父親もびっくりしていた。もっと早く相談しておけばと悔やまれるが、こうやって本人が安心して学校生活を送ることができるようになったことが本当にうれしく、安心した」と話されました。理解授業を終えた担任は、「本人が手紙を読んでからは、私の話をきく子どもたちの顔つきがみんな真剣なものに変わり、最後に母親からの手紙を代読した場面では、半数以上の児童が涙を流しており、吃音のある本人やご家族の思いが子どもたちの心に深く突き刺さったように感じた。今回、みんなに話したいといってくれた本人の勇気と、『このクラスのみんなには話せる』という気持ちにさせてくれたクラスの子どもたちにも深く感謝したい」と話されました。その後、Aさんは学校で連発を伴いながらもいっぱい話すようになり、お母さんもその変容に驚いたということでした。

担当所員は「Aさんと直接話してみて、吃音の書籍から学んだ知識では推し測り切れない本人の深い悩みや思いを知った。保護者、学校、そして外部機関が、本人の思いや願いを中心に見据えながらそれぞれ何ができるのかを考え、連携し、同じ方向で理解・啓発に向けて動けてよかった」、「中学校に行ってもAさんらしく学校生活を送ることができるようAさんの育ちを一緒に支えていきたい」、「この事例を他の学校現場にも発信し、吃音のある子どもが安心して学べる学校になるよう吃音の理解・啓発を広めていきたい」と語っていました。

吃音の教育相談や理解・啓発活動を通して思うことは、まずは、「吃音のことに触れてはいけないように感じてしまう心情を払拭しようよ」ということです。そして、親子でも、ご家族でも、先生や友だちとも、地域の方とも、吃音についての正しい理解のうえで「吃音とは何か」、「吃音の進展（悪化）」の話ができたり、ご本人や保護者の「吃音に対する心情や悩み」、「どうしてもらえると良いのか」ということも含めて、吃音にまつわる思いをもっと当たり前に語ったりきいたりできるそんな環境があると良いと思います。そして、そこをつなぐのが専門職の役割なのです。そして、子どもたちが「吃音さえなければ」、「吃音を隠したい」、「吃音のある自分は嫌い」と思う前に、連発を伴いながらも自分の思いや考えを安心して話していける環境をつくることが必須なのです。吃音があることはだめなことでも悪いことでもないからです。そして、一生懸命に話そうとしている相手の話をきちんとき合うことができる「関係づくり」、すなわち、そういう「教育」が子どもの小さい時期から必要であると思います。

保護者の皆様は、これまでも親としてどうしたら良いのかとても真剣に考えてこられました。ですから、どうか、保護者の皆様、特にお母さんはお子さんの吃音のことでご自身を責めたり、その悩みをご自身の胸にしまい込んだりしないでください。お子さんはお母さんのその心情を敏感に感じています。お子さんは一番身近にいるお母さんが一緒に吃音のことを学ぼうとしてくれたり、どうしたらいいか一緒に考えてくれたり、自分のことをわかろうとしてくれたりする存在でいてくれること、さらに、吃音のことを周りの人に伝えてくれるその姿そのものがお子さんの生きる力につながっていると私は感じています。そう、吃音があっても自分のやりたいことや夢を語り、その実現に向けて成長していく子どもたちの生きる力に。

知ってほしいな 吃音のある友だちのこと

内藤麻子（言語聴覚士）

普段の言語臨床とは別に、小学校に出向いて吃音の「出前授業」をおこなうことをライフワークにしています。この3年半の間に18回おこないました。

「どうして、あ・あ・あってなるの？」こんな質問を投げかけると、子どもたちは活発に答えてくれます。「緊張しているから」、「間違えているから」、「病気だから」と、さまざまな答えが返ってきます。授業を始めた当初は、この子どもたちのまっすぐな答えに正直たじろいでしまい、その場をしのぐことで精いっぱいでした。そして、「どうして？」、「なんで？」という純粋な疑問にきちんと答えていかなくてはいけないと強く思いました。目の前の子どもたちに伝わることばを探すことは、私にとっての理解の幅を広げることにつながっていきました。

吃音は「あ・あ・あ」という連発だけではないこと、そしてこうした話し方の人がたくさんいるという話を子どもたちは一生懸命ききます。吃音と共に生きている人が人口の1％いることを具体的な数字で示すと、毎回「えーっ!!」と驚きの声があがります。

試行錯誤しつついまは、「吃音のある人がどんな気持ちなのかをみんなで考えよう」という課題に重点を置いています。吃音のあるお子さんの話をきいた後、グループごとに話し合いをします。「ぼくはまねされたら、嫌だって思う」、「なんか話しているのが苦しそうだった」、「かわいそう」、「話せないなら書いて伝えたらいい」、「もっと練習したらいいんだよ」、「病院行って、治る薬をもらえばいいと思う」など、さまざまな意見が出ます。どの意見も受け取りながら、正しい知識を伝えていくこと。これは学校でしかできない「教育」ではないかと感じています。「そっか。そう考えたんだね。でもちょっと見てみて。さっき、こんなお話したよね」と戻りつつ再度伝えていく。子どもたちの好奇心が旺盛なこの時期だからこそ、正しい知識がストンと入っていきます。

いつも授業の終わりに「ふり返りシート」を記入してもらいます。当初の感想のほとんどが「たくさんいてビックリした」、「きいてあげる」でしたが、授業の回数を重ねると「〇〇さんの味方になる」、「まねをしていたら、〇〇さんの話し方だよって教えてあげる」といった感想へと変化してきました。伝え方を変化させていったことで、子どもたちが学んだことを（じゃあ自分は何ができるかな）と、自分のこととして置き換えられるようになってきているように感じます。

先生方の感想も、「私も結構人前が苦手なんです。でも、それと同じに考えちゃいけないって反省しました」、「自分のクラスにもいるんです。大丈夫だと思っていましたけれど、懇談会で親御さんにお話してみます」のように変わりました。「吃音を知らなかったかも？」と思い直してくださる先生が増えてきたように感じています。

最後に、吃音のある生徒がいる中学生のクラスで、担任の先生が吃音について話をされた後、お友だちが書いてくれた感想を紹介します。

まいちゃんのこと、ちゃんと知れてよかったです。ずっと知りたかったんです。この対応の仕方、話し方で合っているのか、毎回考えていました。でも、まいちゃんのことをあれこれ思ったことはないです。まいちゃんはそうなんだなと思っただけです。今日、初めて「吃音」のことを知って、まだまだ私には知らないことがあるんだなと感じました。いままでまいちゃんの言いたそうなことを言ってしまった時があったので、これからはしっかりとまいちゃんの言いたいことを言わせてあげたいです。

吃音のことを正しく知ること。それは、吃音のある子ども、そして吃音のない子どもにとっても知っておくべき大事な知識だと思います。知らず知らずのうちに傷つけてしまうことがないように、みんなが知っておくこと、それがこれからの共生社会において必要なことだと考えています。

クラスで吃音のことを伝える意味

高山啓祐（仮名・保育士）

私が「吃音」を知ったのは、保育士研修会で吃音をテーマに学んだときでした。小学生のときにクラスにいた「あ・あ・あ・あのね」と話す友だちのことを思い出し、「あれは吃音だったんだ」と初めて知りました。それから自分の担当しているクラスに吃音がみられる子がいることに気付き、保護者の方と話し合いの末、吃音外来の受診に私も同行するようになりました。担当するクラスには他にも吃音のお子さんがいたこともあり、吃音外来の受診に同行する回数も増え、私自身「吃音」について周りの保育士より知っている気になっていました。

最初に年中児のAさんについて、ふり返りを書きます。Aさんは年少の頃から吃音がみられ、吃音外来を受診していました。私は年中からAさんの担任になりましたが、吃音が徐々に進行していくのを日々の生活のなかで実感していました。当時の私は、Aさんが話すのを待つという対応しかできませんでした。しかし、伸発から難発になり、さらに全身を使って話すようになった様子はとても苦しそうで、私も気持ちが苦しくなりました。そのタイミングで再度、吃音の研修会に参加する機会があり、それが吃音について改めて考え直すきっかけとなりました。「周りの環境が重要」、「〝様子をみる〟だけではいけない」ことを知り、早速、吃音外来の先生と相談し、クラスの子どもたちに向けてAさんの吃音のことを話す時間を設けることとなりました。前例をもとに先生から子どもたちへの伝え方について教えてもらいました。ただ、5歳の子どもたちにちゃんと伝わるのだろうかという不安な気持ちもありました。しかし、「Aさんの大切な話をするよ」と切り出すと、子どもたちはしっかりと話をきいてくれました。それからは、子どもたちもAさんが話をするのを待ってくれるようになり、Aさんの話し方をまねしようとする子がいなくなりました。そして、話をしてからまもなくAさんの吃音は連発が中心になり落ち着いてきたのです。Aさんのお母さんともAさんのそうしたご様子を共有することができました。お母さんは、「みんなに話してもらってAも安心したみたいです」とおっしゃってくださいました。いままで、周りに伝えてきていなかった「吃音」を、周りに知ってもらうことによってAさんも保護者も、そして私自身も気持ちが楽になりました。いま思えば、苦しそうに話しているAさんの姿を見る私の苦しさがAさんに伝わっていたかもしれません。この経験を通して、「吃音」は周りの人が理解を深めることで本人が話しやすい環境になるということがよくわかりました。子どもたちは一人一人育ちに違いがあり、一人一人にその子なりの特徴があります。吃音もそんな特徴の一つであってAさんの一部なのだと考えられるようになってから、私自身の気持ちがずいぶんと楽になりました。

次に年少児のBさんのふり返りを書きます。

Aさんとの経験を通して吃音について学ぶことができた翌年、年少児Bさんの担任となりました。Bさんも2歳の頃から吃音がみられていました。Aさんへの実践をもとに、保護者にも話をして吃音外来の受診につなぎました。Bさんも、連発から、伸発、難発へと吃音が徐々に進行していると感じたので、クラスの子どもたちに話をすることにしました。Aさんを通しての経験から子どもたちに話すことに抵抗はなかったのですが、今回は年少児ということもあり、さらにかみ砕いた表現で内容を絞って伝える必要があると思いました。そうした配慮もあって、伝えたことをちゃんと理解してくれる子どももいました。そして、Aさんのときと同様に、周りに吃音のことを伝えたことで、Bさんの吃音が落ち着いてきました。ただ、年少児ということで一人一人の理解にも差があるのではないか、1回の説明では十分に理解できていない子もいるのではないかと考え、1年間で3

回伝える場を作りました。そうしていくことで少しずつ理解していってくれる子どもが増えていったという実感がありました。それから、Bさんは年中に進級しました。年中になるとクラス替えがあり、Bさんは私とは違うクラスになりました。Bさんの担任の先生は、Bさんのことを思う気持ちから、「子どもたちに吃音のことを伝えることで、かえってからかう子が増えるのでは」と心配されていました。かつての私のようでした。担任の先生と話し合いを重ねた結果、私のクラスと2クラス合同で吃音の話をしました。話をした後、Bさんをからかう子は現れず、「吃音はBさんの一部」と感じてくれているようでした。そして、子どもたちに向けてだけでなく保護者懇談会のなかで、Bさんのお母さんと私から吃音について伝える機会をつくりました。Bさんのお母さんは、お話をする前は「皆さん、わかってくれるのだろうか」ととても不安に思われていたようでしたが、話された後は、たくさんの保護者からお母さんに「話してくれてよかった」という声が届けられていました。

2人のお子さんへの体験を通して、「子どもだから理解できない」ではなく、「子どもだからこそ、その子を丸ごと受け入れてくれる」ように感じます。理解者を増やしていくことが、吃音のある子どもだけでなく、子どもを支える保護者、保育士が安心して過ごせる環境づくりにつながるのだと感じます。当初、「話し終わるまで待つ」ことしかできなかった私でしたが、いまは、保護者や関係機関と連携しながら、クラスの子どもたちやその保護者に「吃音」や「吃音のある友だち」について伝えることが保育士としての私の役割ではないかと考えています。

「安心してどもれる環境」づくり

竹内陽子（母親）

我が家では、小学校入学にあたり、娘の吃音について理解してもらうため、言語聴覚士の先生とあらかじめ作戦を立てました。学校が「安心してどもれる環境であってほしい」、という思いがあったからです。作戦は、まず言語聴覚士の先生から担任の先生にお手紙を書いていただき、その後、私から再度担任の先生にごあいさつに行く、その際に子どもたちへの吃音の説明の例として『キラキラ　どもる子どものものがたり』（海風社）を渡す、というものでした。私は、これで完璧であろう、と思っていたのですが、初めての参観日の後に先生にあいさつに伺ったところ、担任の先生にはこちらの意図していることが伝わっていないことがわかりました。

私自身も、その場では吃音のことや娘の気持ちをうまく伝えることができず、先生に『キラキラ』の本を何とか手渡し、絶望的な気持ちで帰宅しました。吃音のことを理解してもらえなかったらどうしようと不安な気持ちで押しつぶされそうでした。その週明け、連絡帳には先生からの長いコメントが書かれていました。

　お母さんから借りた本ですが、すごく読みやすく、お母さんの気持ち、こんな感じかな、というのがわかりました。

　今日はクラスの子どもたちにも○○さんのことを言いました。1年生は素直に受け取っていたし、お隣の子はしゃべり方が違うと感じていたと言っていました。みんなに知ってもらうことは良かったと思いました。

その後の家庭訪問では、クラスで吃音の話をしたところ娘の表情も和らいできたこと、本当はわざわざ皆の前で言う必要はないと思っていたが、話をしてよかったと思っていることなどをお話しいただきました。クラスでは、娘も先生が作ってくださる、「安心してどもれる環境」で楽しく学校生活を送れたようです。

それからも、クラス替えや担任の先生が替わるたびに、吃音と娘の様子について説明に行っています。どの先生も熱心に話をきいてくださり、担任の先生にもクラスの友だちにも吃音のことを理解してもらっているという環境で、娘も安心して学校に通えています。

しかし、4年生になり、少し環境が変わってきました。低学年の頃にはなかった新しい活動、児童会、クラブ活動が始まったのです。いままでと違い、知らない先生や初めてかかわりあう児童が沢山います。このようなときは、そのつどどこまで知っていてもらおうか、どのように伝えようかと娘と話し合っています。

学校が「安心してどもれる環境」であってほしいという願いから、このような働きかけをしてきましたが、そのたびに思うことがあります。先生方一人一人が吃音についてあらかじめ知識をもっていてくれたら、どんなにありがたいだろうか、ということです。学年が変わるたび、委員会やクラブ活動が変わるたびに、「先生にどうやって説明にいこうか」、「お忙しいなかで迷惑ではないか」、「理解してもらえるのか」と、そんな不安がつきまといます。

これから、新しい学習指導要領が始まります。これまで以上に、対話型の授業も増えていくのであろうと思います。どもりながらお話をする人もいるということ、それがその人の話し方だということを理解してもらえていないと、吃音のある子どもたちにとって、これからの授業はとても辛いものになっていく可能性があります。

学校が「安心してどもることができる環境」であるには、先生方のご理解がどうしても必要です。一人でも多くの人に吃音について正しく知っていただき、吃音がある子どもや家族が生活しやすい環境になっていくことを切に願います。

みんなが知ってくれるから

五味佑翔（小学5年生）

ぼくは、年少のころからきつ音があります。先生に、きつ音をお友だちに伝えてもらってぼくがどう思ったかを話します。

ぼくは、平成28年に小学校に入学しました。入学したときは、知らないお友だちがいっぱいで、きつ音のことをわかってもらえるか不安でした。でも、お母さんが、入学式が終わってから担任の先生に話してくれたので、安心しました。ぼくが、入学してすぐの健康観察で「はい元気です」がうまく言えなかったときに、保育園で同じクラスだったお友だちが「たまにこうなっちゃうんだよ」と言ってくれました。ぼくは、うれしかったです。

進級して、2年生になりました。2年生のときは、言語ちょうかく士の先生が学校に来て、2年生全員にきつ音の授業をしてくれました。他のクラスのお友だちは、きつ音のことを知らなかったけど、きつ音の授業してもらってから「少しよくなったね」と言ってくれたりします。直接伝えてくれるようになったことが、一番うれしいです。

3年生になり、クラスと先生が替わりました。新しくぼくの担任になったのは、竹ぶち先生です。竹ぶち先生は、きつ音の本を読んでくれたり、ぼくの相談にのってくれました。3年生の最後に、クラスのみんなにきつ音の授業をしてくれました。「わたしはできるだけゆうと君の話を最後まできいてあげたい」や「もっときつ音のことを知ってきつ音の人を安心させたい」という感想をきいて、みんながこまったとき、助けてくれることに安心しました。

何度も先生に話をしてもらっても、きつ音のまねをしてくるお友だちがいます。ぼくは、まねをされるのがすごくいやでした。いままでこわくて言えなかったけど4年生の最後には、まねしてくるお友だちに「なんできつ音のまねするの！」と言うことができました。それは、周りのお友だちがきつ音のことをわかっていてくれたから勇気が出たと思います。ぼくも友だちを大切にしたいです。きつ音をみんなに知ってもらって、きつ音の人が安心してくらせる世の中になるとうれしいです。

クラスで吃音について話してみて……

まい（仮名・中学2年生）

中学2年生になって、学校でも家でも話しにくくなり、ことばの外来に行きました。そこで初めて吃音のことを知りました。担任の先生と母とことばの先生が話してくれたりして、理解されていることはわかっていたけれど、話しにくさは残っていました。悪気はないことはわかっていても、隣の人に笑われると話し方を笑われた気がして怖くなって、登校の時間になると気分が悪くなって休んでしまうこともありました。そんなときに、「クラスのみんなに知ってもらったほうが楽になるよ」とことばの先生に言われました。最初はみんなが話しかけてくれなくなったりするんじゃないかと思って怖かったです。でも、このままではいけない気がしてきて、担任の先生から女子だけに話をしてもらうことにしました。私は自分の席に座っていたのでクラスの人の表情などは見えませんでしたが、先生によるととても真剣な顔をしていたと言っていて、理解してくれたんだと安心しました。みんな吃音のことを知ってからも接し方は全然変わらず、優しくなった友だちもいて、みんなに伝えられてよかったなと思いました。その後も私の話し方を気にする男子がいたので、今度は「男子にも話してください」と自分から先生にお願いしました。

みんなに吃音のことを話してから、つっかかってもいいんだと思えるようになり、前よりもみんなと話しやすくなりました。吃音のことをみんなが知ってくれたお陰で、緊張したけれど立志式（15歳を迎える中学2年生が大人になる決意をする行事）で話すことができました。みんなが吃音を知って、対応の仕方がわかったと言ってくれ、やっぱり言ってよかったなと思っています。

09 理解・啓発とカミングアウト

息子は周りの人に吃音があることを知らせたくないと言い張ります。

来春、高校1年生になる息子に吃音があります。新学期を迎えるたびに自己紹介では苦労してきたようです。この先のことを考えますと周りに知ってもらうチャンスではないかと思い、この機会に思い切ってカミングアウトしてみてはどうかと息子に話してみました。ところが「そんなこと言ったら皆から〝ウザいヤツだ〟と思われる」とかたくなに拒否します。本人の意思を尊重すべきでしょうか。

新学期を迎えるたびにゆううつさにさいなまれ、それをこれまで何度も乗り越えてこられた息子さんはがんばり屋さんですね。息子さんを応援してこられたお母様のお気持ちも伝わってきます。「周りに吃音のことを知ってもらうことで息子さんの気持ちが楽になるのではないか」、「そのチャンスを逃さないでほしい」とお考えなのですね。ただ、息子さんにそのことをどのように伝えていくと良いのかということについては、難しいところです。息子さんにしてみればこれまでがんばってきた努力とは違う方向に進んでいくことになります。これまで、「連発」や「伸発」を、周りに気付かれないように、出さないようにしてこられました。そうした努力とは真逆になるわけですから簡単には了承できないでしょう。それでも、「皆に伝えると話すのがいまよりも必ず楽になるから」というこちらの粘り強い説得によって、息子さんの気持ちが少しずつでも動いてくれればと思います。息子さんにもし迷いがあるようでしたら、それは現状を何とか打破したいと考えていらっしゃる可能性があります。つまり、カミングアウトの壁は高くそびえ立っているようですが、案外、扉があって、それを開くことは難しくないかもしれません。ただ、本人一人にすべてを任せてしまうのは負担が大きすぎます。自己紹介のタイミングでカミングアウトするにしても、始める前に担任が吃音について解説をしておかれることや、カミングアウトの後、補足説明を担任からしてもらうなど、準備が整ってからの取り組みのほうがおこないやすいでしょう。例えば、自己紹介を、「いま気になっていること」、「皆さんに知っておいてもらいたい自分のこと」、「こんなふうに付き合ってもらえたらうれしい」、といった項目を織り交ぜた内容にしてもらえれば、カミングアウトがしやすくなるかもしれません。また、担任の先生自らが何かご自身のことでカミングアウトされるような例示があれば、それにつられて言いやすくなります。ただし、カミングアウトをすれば良いということではなく、後から、「誰もがすごしやすいと思えるクラスになるように努力をしていってほしい」といった先生のお話が重要です。この辺りは担任の先生としっかり話し合われたうえで、本人へ打診してみてはいかがでしょうか。

ところで、早い時期から周りに吃音のことを知ってもらっておくと、より効果が高いと述べてきましたが、それは保護者をはじめとして周りの人たちの協力が必要です。その際に、ぜひ考えておいていただきたいことがあります。

それは、自分のことを知ってもらおうとするカミングアウトと、周りの人に吃音を正しく知ってもらうための取り組みとしての理解・啓発をすることとは必ずしもイコールではないということです。つまり、「吃音のある私のことを知ってほしい」という取り組みであるのか、「吃音というものの誤解を解き、正しく理解してもらい、吃音のある人にどのようにかかわってもらいたいか」ということを学習する機会をもつこととでは、その立ち位置によって伝え方も伝わり方も随分違うということです。

私の経験では、まず初めに「吃音というものの誤解を解き、正しく理解してもらい、吃音のある人にどのようにかかわってもらいたいか」を先行させ、そのあとから「吃音のある私のことを知ってほしい」を加えていく二段階方式が良いのではないかと思います。まず、「連発」・「伸発」・「難発」の話し方を多少なりとも周りの人が気付いているとすれば、どうしてそうした言い方になるのかといった疑問に対し、きちんと答えを得ることができます。そのうえで、「難発」のときにはどれくらい待ってあげると良いのか、「連発」や「伸発」をどのようにきいてもらえると安心するのか、吃音のある人それぞれに対する具体的な付き合い方を提案していくことができます。

保護者の立場としては、「わが子のことを皆さんに理解してもらいたい」という表明から一歩進んで、将来出会うであろう吃音のある人と誤解のないように接することができるために「吃音について正しく学ぶ機会を設ける」取り組みとして、「公の利益になるのだ」という方向でお伝えすることができます。お子さんには「あなたのこともあるけれど、他にも吃音のある人はたくさんいて、正しく理解されていないために困っている可能性があるんだよ。その人たちのためにもこの機会に皆に知ってもらうことはとても意味のあることなんだよ」と、説得しやすくなります。同時に園や学校の先生にもお願いしやすくなります。

ところで、先生のご協力も得られそうになった段階で、本人に「どうする？　皆に伝えてみる？」とたずねてしまう保護者が大半です。本人の意向をきくことは当たり前だと思ってのことでしょう。ですが考えてみてください。「どうする？」と問うことは本人に決断を迫ることになります。つまり、すべての責任を本人に負わせることになりま す。そこまで思ってはいないと考えられるかもしれませんが、決断を迫られる側にしてみれば結構大変なことなのです。それはどうしてでしょうか。本人にとって判断しにくい内容だからです。同じような取り組みをこれまでしてきた、身近で体験してきた、誰かからくわしく体験談を教えてもらった、といったことがあれば判断もしやすくなるでしょう。ですが、たいていの場合、簡単なエピソードをきかされる程度で、実際それが良いことなのかどうかといった実感がもてないまま「どうする?」、「伝えてみない?」と提案され、自分で決めることを迫られてしまうのです。吃音にそれ程とらわれていない生活をしている人であれば「どちらでも良い」と答えてくれるかもしれません。ですが、現在大変困っていながら、これまで周りに吃音症状を出さないように努力してきた経過のある人は、これまでの努力をほごにしてまで「皆に言ってみよう」と簡単には思えません。それ以上に、(伝えたところで何が変わるのか)、(もっと大変なことになるかもしれない)といった不安や恐怖のほうが高まってしまいます。問題は、「皆に伝えた場合と、言わずにこれまで通りに過ごす場合と、どちらが良い結果になるのか」という比較検討の材料がないということです。判断するための材料をもち合わせていないにもかかわらず「どうする?」と迫られ、その結果、「絶対に言わない」、「言わないでほしい」という答えを堅持することになりかねません。余程現状に困り果てていて、現状から何とか脱出する方法を探している場合には、イチかバチかをかけて「YES」と応えてくれるかもしれません。その場合はそれ程に切羽詰まった状況があるということでしょうし、当然早急な対応が必要な事態です。

お子さんに「どうする?」、「皆に伝えてみる?」と安易に問うことは「NO!」を引き出してしまいやすく、いったん「NO!」を口にするとなかなか「YES」に変わってはくれません。その結果、「本人が嫌がっているので」、「本人の意思なので」という理由で、本人の下した決定に責任を押し付けてしまうことになります。そうして状況は何も変わらず、本人もご家族も悶々とした生活を続けていくことになります。ここはもっと慎重になるべきところです。特に小学校の中・高学年以降のお子さんにとっては、これまでの体験が積み重なっていますから、吃音症状を隠そうとしてきた態度と周りに伝えることとは正反対の取り組みになります。それ相応の利益がないと気持ちは動きません。それでも粘り強く説得を試み、最終的に心を動かしてもらうためには「信頼」が必要なのです。「絶対に悪いようにはならないから」という「信頼」です。そして、そのためには周りの「寄り添い」が不可欠であり、「絶対に悪いようにさせないから任せて!」と、口先だけではない具体的な準備が整っているうえでの提案であるべきです。「あなたのことを本気で思っているからこそであって、信頼してほしい!」、「任せてほしい」といった強いメッセージと粘り強さによって気持ちは動いていってくれます。「これなら何とかなるかもしれない」、「勇気は出ないけれど助けてもらいながらやってみようか」といった「納得」を得ることが必要です。

ここで、カミングアウトについてもう少し述べることにします。

周りへカミングアウトすることは年齢が上がる程に簡単なことではなくなっていきます。そして、カミングアウトが必ずしも問題の解決に結びつくとは限りません。つまり、何をカミングアウトするのか、そのために、どういう言い方で誰に向けて伝えるのかをしっかりと考えておく必要があるということです。最善と思える方法を吟味し、そのための準備がいります。カミングアウトをした結果をある程度予測しながら考えていくことも重要です。いずれにしても、本人と一緒に考えていくべきものです。

では、カミングアウトにどういった内容を織り込めば良いでしょうか。例えば、「吃音は個性」という表現を使うのかどうかについて考えてみましょう。吃音は個性であると思われますか。吃音のある人がご自身の吃音のことを「個性なんだ」と表現されるのはそれで良いと思います。ですが、周りの人が「吃音は君の個性なんだ」と安易に決めつけてしてしまうのはいかがなものかと思います。「個性＝良い」、「個性＝気にしなくてよい」といった図式があって、こういったメッセージに付きものの、「安心させたい」、「悩みを軽くさせたい」といった思いが先走って「個性だから」といった表現として語られてしまう可能性があります。「吃音は個性である」という言い方は、周りにいる人が安易に口にすべきではないと私は思います。これは吃音に限ったことではありません。「個性である」という表現は便利なことばです。否定的な表現にきこえないからです。ですが、「吃音は個性である」と言ってしまえばどうでしょうか。「もうそれ以降考えなくても良いではないか」といった気持ちにさせられませんか。吃音のことをきちんとわかろうとすること、知ろうとすることをこのことばによって棚上げされてしまいそうな、「まあ、もう、いいじゃない、そのことは」といったニュアンスが含まれているように思われないでしょうか。ややもすれば、これはごまかしになりますし、考えようとすることをストップさせられてしまうような危険性をはらんでいることばであると思えるのです。どういったことばで吃音を表現するかをご一緒に考えようとすることが、吃音のある人の気持ちを大切にしていくことにつながるのではないでしょうか。念のために申し上げておきますが、吃音のある人は決して「話すのが苦手な人」ではありませんし、得意不得意という比較を用いて吃音を説明することもおかしいことだと思います。

吃音を周りの人に伝えることについて

戸田侃吾（大学2年生）

私が吃音について具体的に考え始めたのは小学生の頃でした。気付いたときには難発になっていました。話し始めのことばが出にくいことはあっても、スラスラ話せているときもあるし、ことばの言いかえもしていたので、見た目ではどもっていることがわかりにくかったこともあり、どもると「急にどうしたの」と思われているのではないかといつも心配でした。そのためどもりそうな場面を避けようとしたり、発表をしなければならない場面になると予期不安で異常に緊張したりしていました。この頃の私は自分から吃音のことを周りに伝えることに恐怖心がありました。自分が吃音であると言うと、いままで普通に接してくれていた友だちが友だちではなくなってしまうのではないかという恐怖です。具体的に言うと「障がい者」とか「面倒臭い」などと思われるのではないかと考えていました。

中学生になると思春期ということもあり、どもりたくないということを余計に意識したせいか、予期不安がそれまでより悪化していきました。授業中も発表がくるとわかった瞬間に、手の先から足の先まで急速に冷えていき、足がガタガタと震え出したり心臓の音がきこえるほど心拍数が増えたりして、精神的な辛さは増していきました。

中学3年生のとき、クラス全体で英語の長文を○秒以内に読み終えたら休み時間にするといった授業がありました。私は、どもりたくないという気持ちをもちつつも、どもること自体は悪いことではないはずだと思う気持ちもありました。けれども、話すことにかかる時間を競ったり評価されたりする場面では、どもることそのものが悪いもの、人に迷惑をかけるものという状況になってしまい、いっそう辛かったです。私はそのような状況でも、担当の先生に吃音のことを説明しませんでした。なぜなら自分のせいで授業スタイルを変えなければならないことは、先生の手をわずらわせてしまうからです。特別扱いされたくないという気持ちも強くありました。結果として、自分の辛い気持ちをおざなりにしたかたちになりました。

いま思うともう少し踏み込んでも良かった気がしますが、当時はこの考えしかできない状態だったと思います。

高校生になったとき、両親からの勧めもあり、私は新学期の自己紹介でクラスのみんなに自分に吃音があることを言うことにしました。もちろんそのときも抵抗があり、これまで仲良くしてくれていた友だちに見放されるかもしれないという怖さがありました。

いざ自己紹介となったときもまだ言うか言わないかの葛藤がありましたが、悩んだうえで言うことに決めました。みんなの前でたくさんどもりながら「僕はことばが言いにくくなる障がいをもっているので知っておいてください」と言いました。そのあと、先生が付け加えてくれたことばも助かりました。いままであまり人前で豪快にどもっていなかったせいか、中学からの友だちから「(苦しそうにどもったけど)大丈夫？」と心配されましたが、「大丈夫よー」と返せました。この後もそれまでと同じように接してくれました。クラスのみんなは、私が発表でどもったときも、笑ったり視線を向けたりすることもなく、私自身が感じる空気が変わっていきました。他のクラスとの合同授業では、私がどもることを知らない人もいましたが、少なくとも同じクラスの人が知ってくれているというだけで安心できました。

私はいま大学生となり、ディスカッションや発表のある授業の先生や、サークルの仲間などに、できるだけ初めに吃音の説明をするようにしています。特に友人は、仲良くなってからだと言うタイミングがつかみづらくなります。「伝えてくれてありがとう」ということばをかけてもらえることもあります。「吃音」自体を知っている人もいました。

吃音の症状や悩みはこれからも続くと思いますが、周りに理解してもらう環境を作るという経験のなかでわかってきたことを、活かしていきたいと思います。

「自分の話し方を知ってもらおう」高校生の息子の背中を押したこと

戸田祐子（母親）

「吃音のある人は少ないからみんな吃音のことを知らない。吃音の辛さなんてわかってもらえない。お母さんだってそうだ。俺は毎日切羽つまっている。吃音さえなければどんなに違っていたか。『きつおん親子カフェ』の先輩のようにはいかない。逆境のなかでもがんばれる強さは俺にはないよ」

中学生だった息子は、嗚咽し悲しそうに顔をゆがませながら私に吐露しました。クールに見えていた息子が抱えてきた思いを知り、胸がつぶれる思いで涙しました。思えば、知らない人にも笑顔で話しかけていく人懐っこさは、いつの間にか影を潜めつつありました。親として何ができるだろうかと考えました。

高校入学前の春休みに、私は、「クラスの自己紹介で、吃音のことを伝えてみない?」と改めて息子にもちかけました。それまでは、思春期の息子にとって簡単なこととは思えず、本人が「言いたくない」と言えば「わかった」と引き下がり、担任の先生にだけ伝えていたのですが、そのときは毎晩のように家族で話し合いました。

「大学になると、講義やサークル、アルバイトとコミュニティが広がってくるし、社会に出ると、職場での会議、取引先、地域ともっと広がっていく。この先も話すたびに、吃音が出たらどうしようと不安になったり、落ち込んだりする毎日が続くと、心がもたなくなるんじゃないかと心配なんよ。言いかえをしたり、話すことをやめたりすれば吃音は隠せるかもしれないけど、心は苦しくなっていくんじゃないの?先生にも協力してもらえる高校生のうちに、自分で安心して話せる環境を作る練習をしようよ」、「メガネをかけていると視力が弱いとわかるし、杖をついていたら歩くのが不自由とわかる。だけど、どもるのは、焦ったり緊張したりしていると思われるだけ。自分の話し方だとみんなに知ってもらおうよ」、「あなたのままで、生きていってほしいから」と言いました。息子は、「どうせわかってもらえないよ」、「ウザいやつって思われる」、「うまくいく気がしない」と難色を示していましたが、夫もそばにいて、「お父さんもお母さんと一緒に、打ち合わせに学校に行くで」と言い、本気でやっていこうとしている夫婦の姿を息子に伝えました。なんとか息子から、「まあ、できそうならやってみるよ」という返事をききました。

高校入学前の春休みに、新担任の先生と面談をしました。「先生に、『今日も戸田君はどもっていたなあ』と思ってもらえることが理想なのです」と伝えました。先生は少し意外そうな顔をされ、メモを取るためのペンを握り直しました。リーフレットなどを使いながら吃音の説明をし、「吃音は息子がもって生まれたものなので、息子がどもっていないとすると、話していないか、言いたいことを自分のことばで言っていないということなのです。吃音があっても息子が自分らしく成長していけるよう、先生に一緒に考えていただきたいのです」と伝えると、先生はうなずかれました。「話すことは、日常生活そのものですよね。これまで、日々息子の心に、吃音を隠そうとするしんどさが重くのしかかっていました。私は、吃音の話し方を周囲に受け入れてもらっていると本人が実感できる、話しやすい環境のなかで過ごす経験や、その環境を自分で作る経験が、大人になる前に必要だと考えています。いま、息子に、『高校時代のうちに、吃音のことを周りに伝える練習をしておこうよ』と話していますので、息子がクラスの皆さんに吃音について伝えられるよう、支えていただけませんか」と伝えました。

先生は、「自己紹介で、名前のあとに『クラスのみんなに一言』を入れましょうか。みんなが一言ずつクラスメイトにメッセージを言うタイミングなら、吃音のことを言いやすくなりませんか？」と提案してくださり、ありがたかったです。そして、「先生からも一言付け加えていただきたいのですが」とお願いしました。それは、「戸田君は小さい頃から吃音があって、話すときことばが出にくかったり、最初のことばをくり返したりすることがあります。これは戸田君の話し方なので、話し終わるまで時間がかかるときもありますが、皆さん最後まできいてくださいね」といった内容で、先生はメモをとりながら、私の提案をきき入れてくださいました。

入学式の日、息子は吃音のことを自分で伝えました。「伝えたのが良かったのかはわからない」と、しばらく確信をもてない様子でした。高校1年が終わる頃に、「このクラスでは吃音のことをあまり気にせず過ごすことができたよ」と言ってきました。高2のクラス替えでは、「吃音のことは自己紹介で言ったよ。せっかくだから、『きつおん親子カフェ』で先輩が言われていたように、遠くを見て大きい声で届くように話したよ。でも今回はたまたま吃音が出なかったから、吃音が出たときの話し方は伝わりにくかったかもね」と、1年前とは違う余裕を感じさせる表情で話してくれました。

周りに伝えられるようになることで、吃音の悩みのすべてが解決できるわけではないと思います。しかし遅くなったけれど、親として何ができるだろうかと考え、話し合い、息子の背中を押したこと、先生の理解と協力をいただいたことは、間違いではなかったように思います。なによりも、吃音をもって生まれた息子が、いろいろな経験をしてきたこと、悩んできたこと、出会った人の話をきき、そのつど考えてきたこと、自分で決断し、行動してきたことに思いをはせるとき、その一つ一つこそが息子の強さそのものなのだろう、と感じています。

※吃音啓発リーフレット（きつおん親子カフェ発行）の詳細は、https://stutteringpccafe.webnode.jp/ まで。

Q 10 治療

言語訓練で吃音が良くなるとききました。どのようなことをするのでしょうか。

小学6年生の息子が吃音です。始まったのは5歳のころです。本人なりに何とかやってきたようで親もそんな姿を見守ってきました。先日、「卒業式で将来の夢を話すのにすっと言えないから嫌だ。どこかで練習とかできないの?」ときいてきました。訓練によって治ったということもきいたことがあります。言語訓練とはどのようなことをするのでしょうか。効果はどうなのでしょうか。

卒業式の練習の場で「すっと言えない」ことで、息子さんはとても苦しい思いをしておられるのではないでしょうか。7年余りの歳月のなかで、これまで吃音とどのように向き合ってこられたのでしょうか。保護者も同様にさまざまな記憶が沸き上がってこられるのではないでしょうか。

ここからは吃音治療と言われるもの、いわゆる「言語訓練」について記していきます。その後、もっと広い概念である「吃音に対する支援」について押さえておきたいと思います。

まず、吃音治療のための言語訓練ですが、その歴史や具体的な方法を紹介することは本書の目的ではありません。それらの内容については他書をご覧ください。ここでは簡単に触れるだけに留めておきます。

まず、「連発」・「伸発」・「難発」、それに「随伴《ずいはん》症状」も含め、これらの症状を表に出さずに話せるようになることを目的とする「流暢《りゅうちょう》性形成法」という方法についての説明をします。この方法では呼吸と発話の仕組みを最初に勉強し、その後、実際に話す速度を調整したり、やわらかい声の出し方を練習したりしていきます。初めは、話し方の自然さを犠牲にしながらも、どもらない話し方のパターンを学習していくことから始め、徐々に実用性を高めていきます。これには練習の積み重ねが重要です。もう一つは「吃音緩和法《かんわ》」と言われる方法です。これは、「連発」・「伸発」・「難発」、それに「随伴《ずいはん》症状」が出てしまうことはあっても、楽な声の出し方に切り替えて発話が停滞しないように調整できるようになることを目標とする方法です。吃音症状はあっても苦しくない話し方ができるための練習です。ただし、その方法には「流暢《りゅうちょう》性形成法」で使われている技法の一部を活用しています。現在では、両者の良いところを組み合わせて用いる「統合法」と言われる訓練法が主流です。実際のところは、専門家の考えや本人の意向との兼ね合いによって合うものを選択し、試行錯誤を続けているという状況です。また、呼吸や発話には触れずに心理的な手法によって吃音症状に間接的に働きかけていく方法も考案されています。ここで気を付けていただきたいことはことばの使われ方です。少し整理をしておきます。

それは、「治る」と「治せる」ということばの使い方です。これは全く別物ですがよく混同して使われます。近藤雄生さんはご著書である『吃音 伝えられないもどかしさ』（新潮社）のなかで、吃音治療や言語訓練によってではなく、ご自身の吃音症状が消えてしまったといういきさつを書かれています。こうした現象が起こってしまうところが吃音の不思議なところなのです。成人になってから吃音症状が消えてしまう人が実際にいらっしゃいます。吃音治療や言語訓練によって「治った」という方もおられるでしょう。ですが、何もしていなくても「治る」ことはあるのです。ですから、「吃音は治るのか？」という問いに対しては「それはわからない」というのが答えです。ましてや、「あなたは治る」、「あなたは治らない」といった判断は誰にもできません。では、もし「吃音を治せますか？」と私が問われたならば、「その方法を私はもち合わせていません」とお答えすることになります。こうすれば吃音症状を消失させることができるという「治す」方法が今日確立されていないからです。ただし、「いまよりももう少し楽に話せる話し方をご一緒に考えながら取り組んでいくことはできます」と提案することはできます。もっとも、「楽に話せる」と言いましても、人それぞれに感じ方は異なりますので「どういう状態が楽なのか」は一概には言えません。これはご本人と話し合いながら確かめていくものなのです。私もこれまで数多くの人と話し方の練習をしてきました。いわゆる「言語訓練」と言われるものです。私がおこなってきた方法は吃音症状の消去を目指したものではなく、いまよりも少し柔らかな発声方法の習得や、苦手な発話場面での工夫の考案です。話し方の幅を身に付けていただくために、発声方法から始め、音読練習や発表などの場面を想定した練習もしました。ご自身にあった方法を選択していただきながら、改良を加えて進めてきました。大きな効果が見られた人もいらっしゃれば、それ程でもない人もおられました。これが私の吃音のある人への支援の一つであり、それはいまも同じでぶれてはいません。

ここまでのところを踏まえて、現在、私が感じている「吃音に対する支援」の二つの潮流についてお話しします。

まず一つ目です。それは、発吃後すぐにお子さんへの積極的な支援をおこなうという方法です。ここで言う積極的な支援の方向は、本人とその周りの人々への吃音の理解・啓発を広げていき、それを浸透させていくための取り組みです。このことによって、できる限り吃音症状の進展（悪化）を防ぐこと、そして、本人が吃音はありながらも話しやすいと感じてもらえる環境をつくり、維持できるようにすることです。しかし、環境が整ったとしても、なかには、音読や発表に苦慮するお子さんもいらっしゃいます。その場合には、「話す」ということの勉強を通じて、実際に話し方の幅を広げる練習をおこなっていきます。つまり、自身の身体の状態に意識を向けてもらい、話すことのメカニズムを知り、話し方（呼吸、声の出し方、声の高低、話すスピードの変化）の選択肢を増やしていく方法です。これは、吃音そのものを治そうとするための訓練ではなく、吃音を伴いながらも楽に話せるための練習です。具体的には、「難発」によって声が出ない、話しづらい、発表ができずに困っているという状態に対して、やわらかい発声方法を身に付けてもらいながら、「連発」を伴った話し方ができるように工夫と練習をしていくのです。ですから、まずは安心して「連発」を伴いながら話せる環境づくりにできるだけ早期から着手していき、必要に応じて話し方に関する直接的な介入をおこなうという両建ての支援によって、現在抱えている問題を軽減していこうとするものです。

悪化の予防を目的とした環境づくりのための取り組みは、吃音のある子どもをもつ親の会活動のなかにも広まってきており、さらに、こうした趣旨に賛同をしてくださる専門家の理解・啓発活動によって浸透しつつあります。その効果は、私自身、吃音のあるお子さんや保護者、吃音のあるお子さんを支援している専門家からおききしています。「『難発』で声が出なくて苦しかったけど（吃音のことを）知ってもらったことで楽に話せるようになった」、「みんなが（話し終わるまで）待ってくれることがうれしい」、「吃音をひた隠しにしてきたこれまでの人生って何だったのかと思えるくらいいまは楽になった」、「表情が和らぎ、『みんなわかってくれているから』と、以前よりも確実に学校が楽しくなっているようです」といった数々の声があります。私は、こうした声や体験が、これからも数多く生まれてくることを後押ししていきたいと考えています。

吃音のある人が以前よりも少しでも楽に話せるように支援していくことは重要だと思います。ですが、ご本人だけが話し方の練習に苦慮し、労力を強いられることを良しとはせず、吃音のある人の話し方を理解しようとする周りの人が増えていくこと、そうした人との輪が生み出されていくための理解・啓発の活動が必要であると考えています。その取り組みは、吃音の理解者が増えるということだけに留まらず、自分と少し異なるところがある人と、暮らしやすい社会をどうやってつくっていくのかという取り組みでもあります。できるだけ早い時期から取り組んでいただくことで効果が期待できます。

二つ目です。これまで周りから吃音の指摘を受け、嫌な経験を重ねることで、「どもらないで話したい」と「連発」、「伸発」を出さないようにしてきた結果、「難発」で声が出せなくなってしまっている人、また、話すことから「回避」することを余儀なくされている人に対する支援です。小学生のなかにも、ひょっとすると就学前のお子さんのなかにも、「どもらないで話せるようになりたい」、「何とかして治したい」という強いお気持ちをもっていらっしゃる人がいるかもしれません。保護者のなかにも「絶対に治してやりたい」と思われる人もいます。そういう人に「周りに吃音のことをお伝えしたら楽に話せますよ」、「『連発』を出したほうが話しやすくなりますよ」とお伝えしたところで全く響きません。特に、何十年も吃音で苦しんでこられた人にとっては、吃音は「絶対に治したいもの」でしょうし、吃音症状を表には絶対に出したくないと思われています。そのための努力を続けてこられました。そのお気持ちを根本から変えてもらおうとするのは簡単なことではありません。

私が親しくさせていただいているある言語聴覚士の方は、「吃音を治したい」という切実な思いに誠実に向き合い、吃音治療に取り組んでいます。その方は吃音症状を一切伴わない話し方の練習と、それが日常生活においても応用できるように試行錯誤を重ねながら続けておられます。その方が取り組まれている努力と、私が推し進めている吃音支援の考え方とでは方向に違いがあります。ですが、私はその方の取り組みに敬意を払っています。なぜなら、その取り組みの姿勢には誠実さがあるからです。その方は安易に「治ります」、「大丈夫です」、「任せてください」とは言いません。それは、自信がないからという次元の話ではなく、「こうすれば吃音を必ず治せる」という根本的な治療法が現在確立していないことを伝えたうえで、「私が提供できる方法は、これが絶対ということではなく、あくまでも一つの選択肢です」と、説明されています。効果が見られる人もいらっしゃれば、そうでない人もおられます。

吃音支援のこうした二つの潮流の間で、どちらが良いのだろうかと迷われ、判断がつかないまま静観している方もおられるでしょう。それは、吃音のあるご本人であるかもしれませんし、保護者であるかもしれません。どちらが正しい、どちらであるべき、という答えが決められているわけではありません。しかし、吃音によって苦しい思いをしている本人やその家族の不安、困っていることを少しでも減らしていくための支援を考えるとき、「吃音症状は絶対治すべきもの」という考え方だけに固執せず、現在から未来を生きていく過程で、本当の意味での支援とはいったいどういうものなのか、について議論をしていくところから始めるべきではないかと私は考えています。そして、まずは、ご相談に来られた方の声にきちんと耳を傾け、どんなお気持ちで相談に来られたのか、これまでの経緯や心情をおききし、暮らしを想像しながら面談をしていく姿勢が専門職としての大切な役割の一つではないかと思っています。面談の場で優先されることは、吃音症状の除去を目的とした試みだけではなく、その前に、吃音のある本人と家族、そして、周りにいる人たちに吃音の正しい知識をしっかりとお伝えすることだと思います。さらに、理解の輪を広げていくための手立てをチームで推し進めていく努力も大切です。皆様はどのようにお考えになられるでしょうか。

Q11 合理的配慮①――学業

【英語の検定試験で、吃音のある人の配慮がされるようになったときききました。】

来年、大学受験を考えている長男に吃音があります。英検の面接試験で苦慮しているようです。吃音のある人は面接などでどういった配慮がなされるのでしょうか。吃音があることを申し出ることでかえって不利にはならないのでしょうか。

A

思春期以降の吃音の問題は、人前で話す行為をすることに対して、不安感もしくは恐怖感をもつかどうかということになります。その不安感・恐怖感のために、「面接」を避けたい気持ちが生じるようになります。医学的な話をすると、吃音の二次障害として、約半数の吃音のある人が社交不安症（恥ずかしがりや、あがり症に近い症状）を併発します。人前で注目される状況におかれ、さらに吃音のある人は「うまく話せるだろうか」、「最初のことばがうまく出るだろうか」という心配も重なり、不安感・恐怖感だけではなく、「ドキドキ」と動悸を感じること、顔が赤らむこと、汗をかくこと、手足がふるえるといった身体の症状も一緒に生じるために、「逃げたい」気持ちが増幅します。

吃音のある私も、思春期には社交不安症を併発し、発表・面接から全力で「逃げたい」気持ちがあり、英検は一度も受験したことがありません。英検の3級以上の試験は、「面接」があることを知っていました。同級生が「英検2級に合格した」などと聞くと受験を避けている自分に少しがっかりしていましたが、「面接」に対する恐怖感を想像すると、英検を受ける選択肢は考えられませんでした。

2020年大学入試改革で高校3年生が受験するセンター試験は、大学入学共通テストに名称変更されました。名称が変更されただけではなく、導入は当初予定されていた2020年から2024年に延期されることになりましたが、英語の「話す力」を評価するために、「英検」「GTEC《ジーテック》（ベネッセコーポレーション）」などの民間外部英語試験を活用することとなりました。国が主導する大学入学試験について、「話す力」が新しく評価対象になったにもかかわらず、「話す力」に何らかの難しさをもっている人への配慮は2019年3月まで追加されていませんでした。大学入学共通テストでの活用だけではなく、一部の大学の出願要件として、「CEFR《セファール》対照表のA2レベル以上」に相当する英語力が追記されました。CEFR対照表のA2レベルとは、英検の準2級または2級が合格するレベルです。つまり、英検の準2級すら取得していない生徒は、希望する大学に願書を出しても、却下され、受験さえ受けられない状況になる可能性もあるのです。

そもそも、大学入学試験での英検などの外部英語試験を活用するという話になったのは、文部科学省で閣議決定された第3期教育振興基本計画（2018年6月15日）に端を発しています。具体的には、「高等学校卒業段階で、英語力CEFRのA2レベル相当以上を達成した高校生の割合を5割以上にする」という目標が設定され、それに伴い大学入試が変化してきたのです。

英検の面接に対して恐怖を感じ拒否反応だった私が、現在もしも受験生だったら、大学入試を諦めていたかもしれないと思うと、他人事ではありません。そのため、言友会(吃音の当事者団体)と一緒に、文部科学省に「話す力」の評価を追加するのならば、吃音症だけではなく場面緘黙《かんもく》症など発話に何らかの難しさがある生徒の配慮を追加すべきであると要望をおこないました。その結果、文部科学省から、外部英語試験に対して、発話の配慮を考える通達があり、配慮が追加されたのです。

英語試験での吃音のある受験生に対する具体的な配慮は、2019年5月に毎日新聞に掲載された記事にまとめられています(表を参照)。学校で団体受験をおこなうのは、英検とGTECであることが多いと思います。GTECという名前はあまりききなれないかもしれませんが、実施しているのは、全国約3千校で約40万人の高校生が受験する進研模試を作成している会社であるベネッセです。全国模試を実施している会社ですので、GTECの英語4技能を評価する英語試験を取り入れている高校は増えています。

もう一つ、知っておかないといけないのは、「話す力」の試験方法として、タブレットに吹き込み（録音）（GTEC、英検1 days S-CBT）か、対人面接（2 days S-interview）のどちらの試験を希望するか、という選択肢があることです。「タブレットに吹き込み」のメリットは、独り言で話しているような感じになることです。反対にデメリットは、〝待ってもらえない〟ことで、吃音のために完全に言い終われない可能性があり、吃音の症状が多いと採点者に過小評価される可能性があることです。「対人面接」のメリットとしては、〝待ってもらえること〟ことがあり、筆談を使って回答することも可能です。反対にデメリットは、別日に面接のための時間を作

吃音のある受験生のための「話す」試験の合理的配慮

（2019年5月18日毎日新聞記事より）

英検	発話への配慮 筆談
GTEC	採点拠点へ該当受験生の情報を連携し、注意して音声を確認
TEAP	話が詰まる、大きな声が出ないなどの状況を面接官に伝え、注意してきくように配慮 面接の実施方法は通常通り
ケンブリッジ英語検定	発話までの時間を延長、面接は受験者2人で実施するため単独受験の申請、試験の免除など
TOEIC	解答時間の延長（1.5倍、2倍）、別室受験など
TOEFL	試験の免除など
IELTS	試験の時間延長や免除

らなくてはならず、その際、会場が自宅の近くではない可能性があることです。どちらにせよ、高校3年生で一発勝負をするよりも、中学生、高校の1、2年生ごろから、受験を積み重ね、自分にとってどちらの「話す力」の試験方法が良さそうか決めておくことが大切だと思います。

Q 12 合理的配慮②――就業

吃音のある息子が来年就活です。本人ががんばるしかないのでしょうか。

大学2年生の息子に吃音があり、来年から就活が始まります。エントリーシートに吃音のことは書かないと言っていますが、面接試験など不安に感じているようです。がんばるしかないのでしょうか。

大学生の就職活動

吃音の有無にかかわらず、就職活動は大変です。就職活動のデータをお示ししますと、アンケートに回答した大学4年生の8月の時点での内定率は88%(2019年8月1日)でした。9割程度の内定を8月に得られているのならば、就職活動は簡単ではないか、と思われるかもしれませんが、就職に向けて取り組もうとする就職活動量が在籍学部により異なることはご存じでしょうか?

2019年卒、理系学生の就職活動のデータとして、エントリー数(説明会や選考スケジュールなどを企業にたずねる)、エントリーシート提出数(選考への書類応募)、面接試験数を次に示します。機械・電気系の学生はエントリー数が16社で、エントリーシートを11社に送り、面接数が6社となっています。逆に、文系は37社エントリーし、エントリーシートを16社に出し、9社面接をおこなっています。このデータから、機械・電気系の学生は6社面接して約9割内定をもらい、文系の学生は9社面接して約9割の内定をもらえるということがわかります。

吃音のある大学生でも学部によって就職活動の困難さが異なり、理系の学生は比較的早く決まることが多いのですが、文系の学生はなかなか決まらずに手こずっているという印象があります。エントリーシートを送っても面接につながらない、面接しても2、3社から不採用となっただけで、「もう、自分を受け入れてくれる会社がないの」と落ち込んで、就職活動がストップしてしまう学生がいます。

しかし、吃音がなくても2、3社から内定をもらえる学生はそこまで多くはなく、いくつもの会社を受け続ける気持ちが大切です。

文系・理系の選択は高校2年生から分かれる場合が多いと思いますが、就職活動量という点では文系と理系で差があることをあらかじめ知っておかれると良いと思います。また、オンラインで面接をする企業が出てきました。入室時にあいさつが不要で、自宅という少しリラックスした環境でおこなえることがメリットとなるでしょう。画面外に想定される質問の答えを準備することによって、就職活動を有利に進められる可能性もあるでしょう。

カミングアウトしたほうが良いのか?

では、吃音のことを事前に伝えたほうが良いのか、伝えないほうが良いのかについてですが、これは働く職種によっても異なりますので、簡単には結論が出ません。

ただ、「吃音のことを事前に伝えたい」という気持ちのある就活生は、エントリーシートに事前に記入しておくことをお勧めします。「吃音がある」だけで否定的な見方をする会社は、内定が決まってから苦労する可能性があるので、そうすることで配慮する余地のある会社なのか、そうではないのか、事前に確認できるのではないでしょうか。

そして、エントリーシートに「吃音」と書くならば、そのことについて質問される可能性がありますので、事前に吃音についての説明ができるように準備をしておかれると良いと思います（表を参照）。例えば、Aさんのようにときどきことばがつまる吃音があることを知ってほしいだけ、という人もいます。Bさんのように、配慮を考えるならば、「待っていただきたい」という人もいます。Cさんのように、電話や発表が苦手で配慮をお願いする可能性が高いことを伝える人もいます。

何を伝えるかについては、ご自身の吃音の程度（重症度）と働く職場（話す量の多いvs少ない）でも異なってくるでしょう。

近年、吃音のことをエントリーシートに書くと、担当者から、「障害者手帳は持っていないですか？」とたずねられることがあるそうです。吃音症は発達障害者支援法に含まれますので、精神障害者保健福祉手帳を取得できる可能性はあります。心療内科、精神科の医師または吃音を主に診ている病院で手帳申請のための診断書は作成可能ですが、初診から半年以上経過しないと申請ができないので、受診されたその日に記載できません。そのため、多くの配慮をお願いする障がい者枠での就職活動を考えるのならば、手帳の取得には1年弱かかるということを知っておく必要があります。

実態を知り、将来に見通しをもつ

吃音の取扱説明書

●Aさん
- 吃音があり、ときどきことばにつっかえることがあることを知ってもらうだけで十分です。

●Bさん
- 話すときのタイミングがあわず、ことばがつっかえる吃音が出るときがあります。配慮としては、つっかえることがあっても、「待っていただける」と助かります。

●Cさん
- 話すときにことばがつっかえることがありますが、御社での仕事はがんばりたいと思います。電話や発表は苦手なのですが、調子の悪いときは、誰かに代わっていただく配慮をお願いするかもしれません。

●「吃音があるけど大丈夫なのか？」ときかれたら？
- 中学・高校・大学での部活やサークルなどでの人間関係は大丈夫でしたので、がんばりたいと思います。
- 吃音があっても、2年間○○のバイトを続けられていますので、がんばりたいと思います。

ここまでは就職活動の話でしたが、実際に就職した後、吃音のある人たちは職場でどのような状況に置かれているのでしょうか。予想される方も多いと思いますが、吃音のある人にとっては上司や同僚の吃音への理解が就職および働きやすさを左右する可能性があります。

限られた人数（男性45名、女性9名、計54名）を対象とした予備的調査ではありますが、参考になりそうな報告（飯村、2016）を紹介しながら、吃音のある人の就労や周囲に求められる配慮や支援について考えてみましょう。

この研究では、調査に協力した人のうちの55％が職場で吃音があることをカミングアウトしていました。そして、カミングアウトしている人たちと、していない人たちとを比べると、カミングアウトしている人たちの方が、「職場の同僚や上司が吃音の理解をしてくれている」という結果が得られました。また、吃音のカミングアウトをしている人は若い年齢層に多いという傾向も見られたそうです。これは、若い年齢層の人たちが、年齢が高い人たちに比べて吃音に対してオープンになりつつあり、吃音が受け入れられる社会になってきていることを反映している可能性があります。これらの結果は、これから吃音のカミングアウトをするかどうかについて迷っている人たちにとって、吃音についてきちんと話しておくことで職場において配慮を受けられる場合もあるという一つのデータとして参考になるかもしれません。

また、吃音のある人が職場において周囲の人たちにどのような配慮を求めるかという質問に対しては、「吃音を理解する・受け入れてもらう」、「いまのままで良い」、「ことばが出るまで待つ・話を最後まできく」、「他の人と同じように接する」などの回答があり、吃音のある人たちのなかでも職場に求める配慮は多様であることが分かります。

大切なことは、小中高校生のうちから将来の仕事について保護者をはじめとする周囲の大人たちと話をしておくことではないかと思います。吃音のために仕事が制限されるかもしれないと思っている子どもさんとは、吃音のある人の体験談を一緒に読んでみたり、各地で開催されている吃音のある小中高生の集いに参加して吃音のある先輩の体験談をきいてみたりするなど、将来像を具体的に思い描く機会をもつことも就職に対する不安を軽減することができ、見通しをもつために有効であると思います。

[文献]
飯村大智「吃音者の就労と周囲の配慮に関する実態調査：予備的研究」音声言語医学 57(4)：410-415, 2016.

Q13 きょうだい支援

長女に吃音があります。先日、次女から「うちの家はずっとお姉ちゃんばかりで、私のことはいつも後回し」と言われてしまいました。

吃音のある長女は大学2年生です。長女なりに大学生活を楽しんでいます。長女は4歳ごろから吃音があり、専門の先生のご指導を受けてきました。次女は高校3年生で、受験を控えピリピリしています。先日、次女と進路の話をしているうちに「うちの家はずっとお姉ちゃんばかりで、私のことはいつも後回し」と言われショックでした。確かにそう感じることがあったかもしれません。どうしてあげたら良かったのでしょうか。

「私のことはいつも後回し」と次女さんから言われたことは大変ショックであったと思います。「そんなことはない」と思う反面、実際に次女さんがそう感じることがあったのだということを突き付けられ、何とも言えない思いでいらっしゃるのではないでしょうか。長女さんの相談機関に次女さんも同席されたり、長女さんのことをご家族で話し合われている場面を次女さんがご覧になられたりすることで、親から気にかけてもらえる度合いに違いがあると感じてしまうことは、きょうだいにおいてよくあることです。

ところで、これまで長女さんの吃音のことを次女さんにどのように説明してこられましたか。また、どのように話し合ってこられましたか。ひょっとして、「きょうだいだからわかってくれている。気にせずにうまく付き合えている」とお考えになり、長女さんの吃音についてじっくりとお話をする機会がなかったことはありませんか。そういう人が実に多いのです。きょうだいが（このことは親にきかないほうが良さそう）と感じるあまり、ききたいのだけれどもきけずに我慢していることがあったりします。一般論として、きょうだいのことについていくつか述べ、その後、これからのことをどうしていけば良いのかをご一緒に考えていきましょう。

例えば、きょうだいの誰かに何らかの病気や障がいといったものがある場合を考えてみましょう。きょうだいである以上、きょうだい間は特別に違和感もなくごく自然に暮らしています。保護者にもそのような姿として映ります。しかし、成長の過程で、できること・できないことが明確になり始めますと「どうして○○ちゃんは○○ができないの」、「どうして○○ちゃんは○○になっちゃうの」といった素朴な疑問が生まれてきます。それをそのまま口に出してたずねてみた際に、子どもは、親の反応を敏感に感じ取ります。はぐらかされたり否定されたり、場合によっては叱責されたりするようなことがあれば、以後は口にすることをひかえるでしょう。保護者は、きょうだい同士が当たり前に日常生活を送っている姿を通して何ら問題なく過ごせていると考え、きょうだいが抱えている病気や障がいのことをあえて説明しようとはしません。何かきいてきたときに話せば良いと考える人が多いのです。

長女さんは専門の先生のご指導を受けてこられたということですね。何度か先生のところへ親子で通われたことでしょう。そこに次女さんはご一緒されましたか。次女さんは「どうしてお姉ちゃんはここに通う必要があるの?」、「お姉ちゃんだけ先生と楽しそうにおしゃべりするのはどうして?」、「私も同じようにしてみたい」といった疑問や願望を感じていたかもしれません。ひょっとして一、二度、それらについてきいてこられたことはありませんでしたか。次女さんに何も告げずにお二人で通われていたとしても、勘の鋭いお子さんにはわかってしまうものです。「私も連れていってほしい」と思うでしょう。長女さんのために保護者が時間を使っていることについて次女さんはどこかでうらやましい気持ちになっていたのかもしれません。これは、きょうだいが感じる独特の心理です。つまり、「私にも注目してほしい」、「気にかけてほしい」という思いです。そうして、保護者の注目を得ようと、ほめられるようなことをします。それは、学校の成績を上げることやスポーツで上位になること、周りに親切にふるまい、何事にもがんばろうとすることなどです。さらに、将来の進路選択、職業選択にも影響を及ぼすことも少なくありません。一方、ほめられるようなことが達成できないきょうだいの場合は、保護者の手をわずらわせるようなことをして注目を引こうとすることもあります。きょうだいが抱えるこうした独特の心理について、近年ようやく注目されるようになりました。きょうだいであるがゆえのしんどさを保護者や身近な人に言えないまま独りで抱え込んでしまっているという問題に対して、対処をしていく必要があることが検討されるようになってきたのです。その一つが、きょうだいに病気や障がいがあり、一緒に過ごしてきたというきょうだいたちが集う「きょうだい会」です。きょうだいが集い、語り合い、自分の良さや自分らしさを共有できる場として全国に広がっています。

過去を変えることはできません。これからをどうしていかれるかですね。もし、次女さんに長女さんの吃音のことをまだくわしくお話しされていないのであれば、今回の出来事はチャンスであるかもしれません。「あなたは吃音がないから……」ではなくて、吃音の解説をしてみられたり、親としてのこれまで思いをお話しされたりしてみてはいかがでしょうか。さらに、次女さんのこれまでの思いについてもぜひきいてみましょう。受験でピリピリされているために、すぐには話してくれないかもしれませんが。ですが、次女さんには「私のことも気にしてほしい」という心情が根底にあるはずです。根気よく機会を作ってみられてはいかがでしょうか。これから次女さんが強力な理解者、支援者になってくれるかもしれません。そうはならないとしても、家族の一人として、長女さんの吃音のこと、これまでの暮らしについて、親としての思いを織り交ぜながら話し合いをしてみられることをお勧めします。どうか有意義な時間がもてますように。

おわりに

２０１９年12月、ＮＨＫ Ｅテレ「ウワサの保護者会―気づいて！きつ音の悩み―」の番組収録で菊池良和先生とご一緒させていただいたことがご縁となり、吃音のある子どもの保護者、ご家族の皆様に活用してもらえるような本を創りたいという思いから本書が誕生しました。番組はその後も何度か再放送され、反響が続いています。本書の製作にあたり、学苑社の杉本哲也様には温かいご支援とお力添えをいただきました。また、吃音のある方々や保護者、専門職の方々にも貴重な体験談をご寄稿いただきました。そして、三刀屋由華さんの素敵なイラストが本書に温かさを加えてくださいました。さらに、番組でご一緒させていただいた教育評論家の尾木直樹先生からは、「当事者や家族への徹底した『共感』と『傾聴』を軸に、丁寧に解説」と、ありがたいお言葉をいただきました。感謝申し上げます。

本邦では、吃音の専門家がまだまだ不足しています。相談のために親子で遠方まで出かけなければならないという現状もあります。言語聴覚士、ことばの教室の教諭は吃音の専門家であると世間では考えられています。しかし、実際には、吃音についてきちんと学ぶ機会がなかったり、先輩の経験を伝達された程度の知識で対応していたりする方々も少なくはありません。たとえそうであったとしても、吃音のあるお子さんと保護者にしっかりと寄り添い、一緒に考えようとしてくださる姿勢はありがたいことです。

専門家によるお子さんへの直接的な支援とともにいま注目されているのが保護者の方々への支援の重要さです。保護者が子育てに不安や悩みを抱えながら、それらを人に話せずに独りでかかえ込んでしまっている状態というのは大変苦しいものです。専門的な助言・指導の前に、吃音のある子どもや保護者になったつもりで見えてくる景色を想像しながら、しっかりとお話をきき、一緒に歩もうとしてくださる専門家が身近にいらっしゃることはとても心強いことです。最近では吃音のある子どものいる保護者が集える場所が各地で誕生し始めています。私は、「吃音のある子どもをもつ親の座談会」と称する親の会を主宰して二〇年以上になります。保護者支援が重要であるという考えはいまも変わりません。吃音のある当事者の人たちの会とは異なる保護者が主軸の親の会がますます発展していくことを願ってやみません。

本書をお読みいただいた専門家の皆様は、日々試行錯誤のなかで吃音のある子どもや保護者の方々と向き合っておられることでしょう。具体的な臨床方法についてもしもお困りでしたら「吃音・流暢性障害学会」のホームページから『吃音臨床の手引き―初めてかかわる方へ　幼児期から学童期用―インテーク版 ver.2.1』をぜひダウンロードしてください。臨床上のヒントがたくさんちりばめられています。

大勢の人たちが本書を手にしていただけることを願っています。

2020年7月

堅田利明

最後まで読んでいただきありがとうございます。2016年に『子どもの吃音　ママ応援BOOK』を学苑社から出版させていただきました。全ページイラストを入れて、文字が少なめでしたが、本書は文字で前著を補う役割もあると考えています。

私が本書を出版するにあたり、さまざまな思いをもって記載し、まとめました。

- 親御さんは悪くない。自分たちの育児に自信をもってほしいこと。
- 吃音のある親御さんも一人ではないこと。
- 子どもと吃音の話をオープンにして良いこと。
- 最も長くわが子の吃音とかかわっている親御さんが、吃音の知識を一番知ってほしいこと。
- 2016年以降、吃音のある子に合理的配慮の提供を学校・社会が検討されるようになったこと。
- 吃音のある子が、つっかえながらも話す権利を守る動きになっていること。
- つっかえても話し続ける気持ち（発話意欲）が大切なこと。

本書をはじめ、出版させていただいた学苑社は日本で最も多く吃音の書籍を出版している会社です。ぜひ、学苑社の他の吃音の書籍も手に取っていただけると理解が深まると思います。

本書の企画は、堅田利明先生の熱意と努力があり成し遂げられたものです。他の執筆者の方々、貴重な体験談をありがとうございます。生の体験に勝るものはありませんし、読者の方も共感されるものがあったかと思います。

最後に、仕事に没頭している私を支えてくれる妻に感謝の念を伝えるとともに、これまで学校や習い事で4人も吃音のある友だちを見つけ、友だちとなっていく小学6年生の息子にも驚くとともに、これからの成長が楽しみです。

2020年7月　菊池良和

著者紹介

堅田 利明（かただ としあき）【Q01〜Q10、Q13】
1964年、大阪生まれ
関西外国語大学短期大学部准教授、博士（教育学）
（元 大阪市立総合医療センター小児言語科 言語聴覚士）

[主な著書・共著]

『キラキラ どもる子どものものがたり』海風社 2007
『特別支援を難しく考えないために－支援教育が子ども達の心に浸透するように－』海風社 2011
『続編 キラキラ どもる子どものものがたり 少年新一の成長記』海風社 2013
『吃音の正しい理解と啓発のために－キラキラを胸に－』海風社 2018
『特別支援教育における吃音・流暢性障害のある子どもの理解と支援』小林宏明・川合紀宗編著 学苑社 2013
『小児吃音臨床のエッセンス－初回面接のテクニック－』菊池良和編著 学苑社 2015
『図解 やさしくわかる言語聴覚障害』小嶋知幸編著 ナツメ社 2015
『こどもの吃音症状を悪化させないためにできること－具体的な支援の実践例と解説－』堅田利明編著 海風社 2022

菊池 良和（きくち よしかず）【Q11、Q12】
1978年、山口生まれ
九州大学病院　耳鼻咽喉・頭頸部外科　助教　医師

[主な著書・共著]

『ボクは吃音ドクターです。』毎日新聞社 2011
『エビデンスに基づいた吃音支援入門』学苑社 2012
『吃音のリスクマネジメント－備えあれば憂いなし－』学苑社 2014
『子どもの吃音 ママ応援BOOK』学苑社 2016
『吃音の世界』光文社新書 2019
『吃音の合理的配慮』学苑社 2019
『小児吃音臨床のエッセンス－初回面接のテクニック－』菊池良和編著 学苑社 2015
『心理・医療・教育の視点から学ぶ 吃音臨床入門講座』早坂菊子・菊池良和・小林宏明 学苑社 2017

平林 実香（ひらばやし みか）
母親 【エピソード1】

堀内 美加（ほりうち みか）
母親 【エピソード2】

平林 良城（ひらばやし よしき）
父親 【エピソード3】

竹内 陽子（たけうち ようこ）
母親 【エピソード4】

戸田 祐子（とだ ゆうこ）
母親 【エピソード5】

餅田 亜希子（もちだ あきこ）
言語聴覚士 東御市民病院 【取り組み1】

西尾 幸代（にしお さちよ）
教員　福井県立奥越特別支援学校校長
（前福井県特別支援教育センター所長）
【取り組み2】

内藤 麻子（ないとう あさこ）
言語聴覚士　神應透析クリニック
【取り組み3】

高山 啓祐（たかやま よしまさ／仮名）
保育士 【取り組み4】

五味 佑翔（ごみ ゆうと）
当事者【体験談1】

まい（仮名）
当事者 【体験談2】

戸田 侃吾（とだ かんご）
当事者 【体験談3】

イラスト　三刀屋 由華
装　丁　有泉 武己

保護者の声に寄り添い、学ぶ
吃音のある子どもと家族の支援
——暮らしから社会へつなげるために

2020年9月1日　初版第1刷発行
2023年6月10日　初版第5刷発行

編著者　堅田　利明
　　　　菊池　良和
発行者　杉本　哲也
発行所　株式会社学苑社
東京都千代田区富士見2-10-2
電話　03（3263）3817
Fax.　03（3263）2410
振替　00100-7-177379
印刷・製本　藤原印刷株式会社

ISBN978-4-7614-0817-6　C3037